Maria Grazia Di Bernardo

Mistero tra le baite

Illustrazioni di Alberto Stefani

Redazione: Stefania Sarri
Progetto grafico e direzione artistica: Nadia Maestri
Grafica al computer: Carlo Cibrario-Sent, Simona Corniola
Ricerca iconografica: Alice Graziotin

© 2013 Cideb, Genova, Londra

Prima edizione: gennaio 2013

Crediti: Istockphoto; Dreams Time; Shutterstock Images; Getty Images: 4; © GiorgioMesturini/CuboImages: 6; © CesareRe/Cuboimages: 18tc; R.Moiola/Clickalps.com: 42, 43; © ParoliGalperti/Cuboimages: 74; © Bluered/CuboImages: 76t; © Mauritius/CuboImages: b; OLIVETTI/WebPhoto: 86; WebPhoto: 87.

Tutti i diritti riservati. È vietata la riproduzione, anche parziale, con qualsiasi mezzo effettuata, anche ad uso interno o didattico, non autorizzata.

Saremo lieti di ricevere i vostri commenti o eventuali suggerimenti, e di fornirvi ulteriori informazioni sulle nostre pubblicazioni:
info@blackcat-cideb.com

Le soluzioni degli esercizi sono disponibili sul sito:
www.blackcat-cideb.com

Member of CISQ Federation
RINA
ISO 9001:2008
Certified Quality System

The design, production and distribution of educational materials for the CIDEB brand are managed in compliance with the rules of Quality Management System which fulfils the requirements of the standard ISO 9001 (Rina Cert. No. 24298/02/S - IQNet Reg. No. IT-80096)

ISBN 978-88-530-1347-7   Libro + CD

Stampato in Italia da Litoprint, Genova

Indice

CAPITOLO 1	Si parte!	11
CAPITOLO 2	Le baite abbandonate	19
CAPITOLO 3	Voci nella notte	27
CAPITOLO 4	Il coraggio di Maria Luisa	35
CAPITOLO 5	Un brutto sogno	45
CAPITOLO 6	La casetta di Sonia	56
CAPITOLO 7	Una decisione molto pericolosa	66
CAPITOLO 8	La piccola chiesa di San Mamete	79
CAPITOLO 9	Uno sport singolare	88

DOSSIER	La Valtellina	4
	I pezzotti della Valtellina	42
	Il trenino rosso: il Bernina Express	74

AL CINEMA	Topkapi	86
ATTIVITÀ		15, 23, 31, 39, 51, 61, 71, 83, 92
TEST FINALE		95

Il testo è integralmente registrato.

Attività di ascolto

CELI 1 Esercizi in stile CELI 1 (Certificato di conoscenza della lingua italiana), livello A2.

La Valtellina

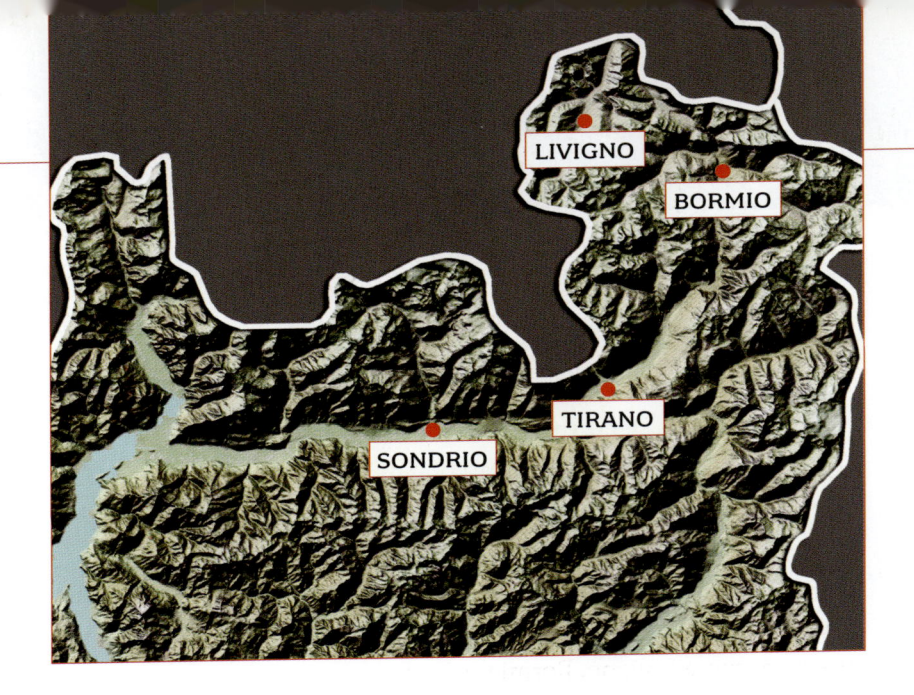

La Valtellina si trova nella parte più settentrionale della Lombardia. Confina con la Svizzera e precisamente con il Cantone dei Grigioni, di cui ha fatto parte politicamente dal 1512 fino al 1797.
La valle segue il corso del fiume Adda fino al suo sbocco nel lago di Como.
Il clima di questa regione è più mite nella parte meridionale e molto freddo nelle regioni di alta montagna.
Nella prima regione climatica si sono diffuse fin dai tempi più antichi l'agricoltura e la viticoltura, mentre nella parte alpina hanno prevalso la pastorizia, lo sfruttamento del bosco e alcune attività artigianali come la lavorazione del ferro e del legno.
In tempi più recenti il turismo è diventato un'importante risorsa per questa regione.

Nella stagione estiva si possono fare delle splendide escursioni alpinistiche, in quella invernale si può sciare in una delle tante località attrezzate come Livigno, Bormio o Aprica.

Nella Val Masino e in quella di Bormio si trovano anche alcune sorgenti termali, conosciute e frequentate già in tempi antichi e ancora oggi molto apprezzate.

La Valmalenco, la Valdidentro e la Val Masino sono alcune delle vallate laterali che completano la Valtellina.

In questa regione si trovano alcune delle montagne più alte d'Europa come il massiccio del Bernina, dell'Ortles e dell'Adamello.

Famosi sono anche i valichi che fin dall'antichità hanno consentito di attraversare le Alpi passando per questa regione, che è sempre stata un centro di importanti scambi commerciali. Vanno ricordati il passo dello Stelvio e quello del Gavia.

Nella Valtellina si trova anche il più importante parco nazionale italiano, quello dello Stelvio, diviso tra le province di Sondrio, Brescia, Trento e Bolzano.

Nel 1977 il parco è stato ampliato fino alla valle di Fraele con il conseguente collegamento al parco nazionale svizzero dell'Engadina.

La città più importante di questa regione è Sondrio.

Impianti di risalita a Livigno.

Collegata alla Svizzera dal passo del Muretto ha avuto per molti secoli diretti e ripetuti contatti commerciali con essa.

Tra i suoi monumenti vanno ricordati la piazza Garibaldi, costruita durante la dominazione austriaca; il palazzo Pretorio dove risiedevano i governatori del Cantone dei Grigioni, la Collegiata dei Santi Gervasio e Potasio e infine il museo valtellinese di Storia e Arte, dove si possono ammirare testimonianze storiche e artistiche di questa valle.

Comprensione scritta

CELI 1

1 Leggi ancora una volta il testo sulla Valtellina e scegli l'alternativa corretta.

1 La Valtellina ha fatto parte politicamente dal 1512 al 1797
   a ☐ del cantone di Zurigo
   b ☐ del cantone di San Gallo
   c ☐ del cantone dei Grigioni

2   La valle segue il corso del fiume
    a ☐ Reno
    b ☐ Adda
    c ☐ Po

3   In tempi più recenti è diventato importante per questa regione
    a ☐ il commercio
    b ☐ l'industria
    c ☐ il turismo

4   Nella val Masino e a Bormio si trovano
    a ☐ sorgenti termali
    b ☐ grandi industrie
    c ☐ scavi archeologici

5   In questa regione si trovano
    a ☐ le pianure più vaste d'Europa
    b ☐ le montagne più alte d'Europa
    c ☐ le colline più alte d'Europa

6   I valichi di questa regione hanno acconsentito di attraversare
    a ☐ le Alpi
    b ☐ gli Appennini
    c ☐ gli Urali

7   Nella Valtellina c'è
    a ☐ il parco nazionale degli Abruzzi
    b ☐ il parco nazionale del Gran Paradiso
    c ☐ il parco nazionale dello Stelvio

8   La città più importante di questa regione è
    a ☐ Sondrio
    b ☐ Milano
    c ☐ Como

Pizzoccheri alla Valtellinese

I pizzoccheri alla Valtellinese sono il piatto simbolo della cucina tradizionale valtellinese. Nel paese di Teglio è presente una vera e propria accademia che valorizza la cucina composta da pizzoccheri e sciatt.

Ingredienti (dosi per 4 persone)

400 g di **farina di grano saraceno**
100 g di **farina bianca**
200 g di **burro**
250 g di **formaggio Valtellina Casera**
150 g di **formaggio Grana grattuggiato**
200 g di **verze**
250 g di **patate**
uno spicchio di **aglio**, **pepe**

Ecco come preparare i pizzoccheri: in una ciotola, mescolate le due farine, aggiungete l'acqua e impastate fino ad ottenere un panetto compatto. Poi avvolgete l'impasto nella pellicola trasparente e lasciatelo riposare per almeno trenta minuti in un luogo fresco.

Trasferitevi su una spianatoia e stendete la sfoglia con un mattarello, fino a uno spessore di 2-3 millimetri da cui dovrete ricavare delle fasce di 7-8 cm di larghezza. Sovrapponete le fasce ottenute alternandole con una spolverata di farina per fare in modo che non si attacchino tra loro, e tagliatele nel senso della lunghezza ottenendo delle tagliatelle larghe circa 5 millimetri. Lasciatele riposare su un piano infarinato cospargendole di farina.

Passate poi alla preparazione del condimento: pulite le verze e tagliatele a listarelle; sbucciate e tagliate in tocchetti patate. Lessate le verdure in acqua bollente salata, lasciate cuocere per 5 minuti.

A questo punto unite anche i pizzoccheri. Dopo 10 minuti scolate i pizzoccheri e versatene una parte in una teglia calda, cospargete con il Grana grattugiato e il formaggio Casera a scaglie, e proseguite alternando i pizzoccheri al formaggio. Fate sciogliere il burro insieme all'aglio fino a quando questo non si sarà colorito, eliminate l'aglio e fate colare il burro fuso sui pizzoccheri. Servite i pizzoccheri caldi con una spolverata di pepe macinato fresco.

Personaggi

Da sinistra a destra e dall'alto in basso: **Caterina, Cristina, Maja, Toni, Ester, Monello, Maria Luisa, Sonia.**

ATTIVITÀ

Prima di leggere

1 Troverai queste parole nel capitolo 1. Associa ogni parola all'immagine corrispondente.

a   zaino
b   bastoni da montagna
c   sottopassaggio
d   riccioli
e   ambulatorio
f   studio dentistico

CAPITOLO **1**
Si parte!

Attenzione! Attenzione! È in partenza dal 4° binario il Bernina Express..."
La voce dell'altoparlante alla stazione di Coira, la graziosa città svizzera capitale del cantone dei Grigioni, annuncia la partenza del famoso "Trenino Rosso".

Anche gli ultimi turisti, che fino a quel momento hanno conversato allegramente o scattato le obbligatorie foto-ricordo, si affrettano a salire nel treno.

In un angolo in disparte cinque ragazze, vestite sportivamente, guardano nervosamente in direzione di un sottopassaggio. A terra sono posati i loro grandi zaini, nei quali sono infilati bastoni da montagna. A un tratto una di loro perde la pazienza e sbuffa[1] seccata[2].

1. **sbuffa** : da sbuffare : soffiare, ansimare.
2. **seccata** : infastidita.

CAPITOLO 1

"Come sempre Ester è in ritardo! Se non arriva subito, perdiamo il treno! Io non capisco come fa ogni volta a …!"

La ragazza accanto a lei, le sfiora [3] il braccio e dolcemente le dice: "Su, Caterina! Calma! Eccola! Sta arrivando!"

Ed ecco che da dietro un gruppo di persone fa capolino una ragazza con una grande testa di riccioli neri, che correndo si avvicina al gruppetto in attesa e ansimando cerca di spiegare: "Mi dispiace! Ma avevo …"

Le amiche non la lasciano neanche finire, ma si affrettano a salire e a prendere posto nella carrozza panoramica. Dopo qualche minuto il treno si mette in movimento e il viaggio che da Coira le porterà fino al passo del Bernina ha inizio.

Il treno sale per montagne ripide, attraversa villaggi pittoreschi, passa per ponti che sono veri e propri capolavori d'ingegneria.

Il suo percorso si snoda tra grandi boschi di larici e tra prati che in questa meravigliosa giornata di fine giugno sono in piena fioritura.

Dal suo posto, Maja osserva le compagne di viaggio: Ester, Sonia e Cristina chiacchierano spensieratamente, mentre Caterina guarda con aria preoccupata fuori dal finestrino e non sembra essere molto interessata al bellissimo paesaggio che le passa davanti, è come assente. Maria Luisa, come di solito, legge uno dei suoi romanzi impegnativi [4].

Maja non può fare a meno di ripensare a quel corso di fotografia, dove alcuni anni fa ha fatto la loro conoscenza.

Erano solo sei partecipanti: Caterina, Cristina, Sonia, Maria Luisa, Ester e lei. Caterina e Cristina erano compagne di università, Sonia era la loro vicina di casa.

---

3. **sfiora**: toccare leggermente.

4. **impegnativi**: difficili.

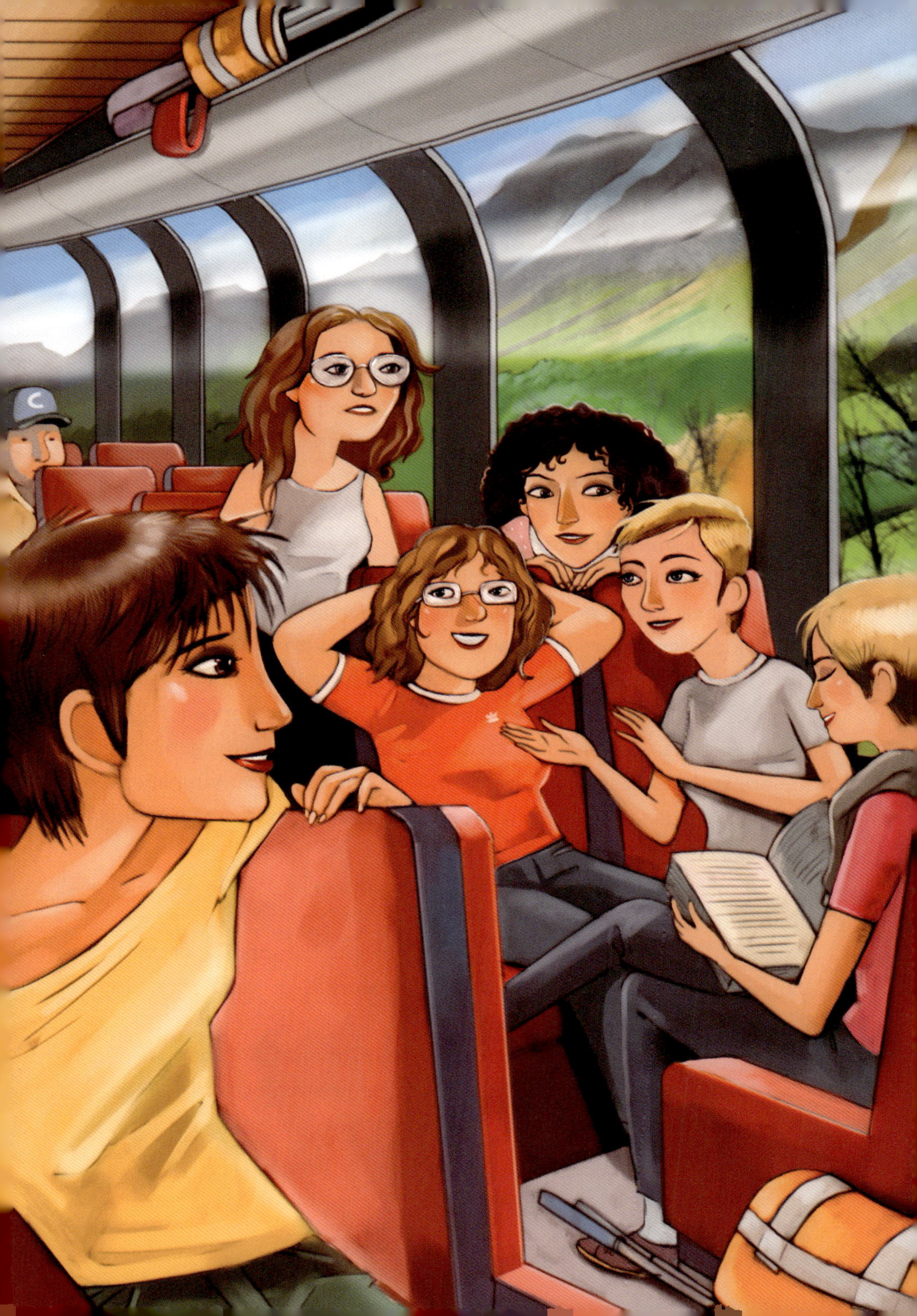

CAPITOLO 1

Maria Luisa, Ester e lei, Maja, invece non si conoscevano e non conoscevano nemmeno le altre tre.

Le ragazze erano diventate subito amiche e avevano cominciato a frequentarsi.

Andavano spesso al cinema o, durante la bella stagione, organizzavano escursioni in montagna, mentre in inverno qualche volta andavano a sciare insieme. Fino a quel momento però non avevano mai passato una vera vacanza insieme. Grazie a una serie di circostanze favorevoli erano ora riuscite a progettare il viaggio appena iniziato: lei Maja, si era appena laureata in medicina, ma prima di cominciare con il suo primo lavoro in ospedale, aveva deciso di prendersi un periodo di vacanza. Ester era già medico e da poco aveva aperto un ambulatorio con un collega. Per lei scegliere il periodo per andare in vacanza non era stato un problema.

Caterina e Cristina avevano deciso di aprire insieme uno studio dentistico, ma anche loro, come Maja, volevano concedersi un periodo di pausa. Sonia lavorava nell'azienda agricola dei genitori e le era stato abbastanza facile prendersi qualche settimana libera. Per Maria Luisa, insegnante in un liceo, le vacanze estive erano appena cominciate.

Improvvisamente la voce di Ester distoglie [5] Maja dai suoi pensieri.

"Su, dai! Avvicinatevi! Formate un gruppo!" esclama allegramente "Facciamo una foto ricordo! E sorridete, mi raccomando!"

La ragazza, dopo aver scattato diverse fotografie, è soddisfatta del risultato. In tono solenne e melodrammatico esclama "Ecco! Adesso la nostra "avventura" può cominciare!"

5. **distoglie** : distogliere da : distrarre.

ATTIVITÀ

Comprensione scritta e orale

CELI 1

1 Rileggi il capitolo. Il testo dice …

		SÌ	NO
1	… quale mezzo di trasporto usano le ragazze per andare in vacanza?	☐	☐
2	… come sono vestite le ragazze?	☐	☐
3	… perché la ragazza arriva in ritardo?	☐	☐
4	… da quale binario parte il treno?	☐	☐
5	… il titolo del romanzo che Maria Luisa legge?	☐	☐
6	… dove le ragazze si sono conosciute?	☐	☐
7	… la professione delle protagoniste della storia?	☐	☐
8	… le località dove le ragazze andavano a sciare?	☐	☐

Competenze linguistiche

2 Durante il viaggio Sonia scrive un breve SMS alla mamma. Riscrivilo con frasi di senso compiuto.

> partite in orario   panorama magnifico
> quasi tutte ragazze allegre   solo Caterina preoccupata
> Ester foto   baci   Sonia

3 Rileggi il capitolo e trova le espressioni usate per …

1. fare delle foto ……………………………………………………………………
2. veder arrivare da lontano ……………………………………………………
3. respirare faticosamente ………………………………………………………
4. parlare di cose non importanti ……………………………………………
5. non essere presente/distratto ………………………………………………
6. finire lo studio all'università ………………………………………………
7. espressione per convincere qualcuno a fare una cosa ……………
   ……………………………………………………………………………………………
8. mettersi vicino …………………………………………………………………

15

ATTIVITÀ

4 Ecco un elenco di oggetti. Quali di questi sono necessari per una lunga escursione in montagna e quali no? Inseriscili nella tabella al posto giusto.

berretto   stivali   giacca a vento   sciarpa
cuscino   lettore CD   maglietta o t-shirt   calzini   collana
pantaloni   libri   chitarra   occhiali da sole   specchio
borsetta   crema da sole   biancheria   verdura   maglione

Necessario	Non necessario

Grammatica

Uso dell'imperfetto e del trapassato prossimo

L'imperfetto si usa per:
- descrivere azioni abituali e ripetute nel passato.
- descrivere una situazione o un fatto avvenuti nel passato, di cui non si conosce l'inizio o la fine.

Erano solo sei partecipanti.
Maria Luisa, Ester e lei, Maja, non si conoscevano e non conoscevano nemmeno le altre ragazze.
Sonia lavorava nell'azienda agricola dei genitori.

L'imperfetto è di solito accompagnato da espressioni di tempo come: qualche volta, di solito, spesso, ogni tanto...
Andavano spesso al cinema.
In inverno qualche volta andavano a sciare insieme.

Il trapassato prossimo si usa per:
- indicare un'azione passata che avviene prima di un'altra azione anche questa nel passato.

Fino al quel momento non avevano mai passato una vera vacanza insieme.
Maja si era appena laureata in medicina.

ATTIVITÀ

CELI 1

5 Completa le frasi con i verbi tra parentesi all'imperfetto.

1 Da piccola (*avere*) .... un cane che (*chiamarsi*) .... Mono.
2 Nell'inverno del 70 (noi — *essere*) .... in vacanza a Bormio e non (noi — *sapere*) .... ancora sciare.
3 Tre anni fa Giulia e Carla (*frequentare*) .... l'università a Milano.
4 Dieci anni fa i nostri zii (*avere*) .... un ristorante e la sera noi li (*aiutare*) .... spesso in cucina.
5 Di solito Mario (*leggere*) .... molti libri.
6 In estate Anna (*passare*) .... sempre le vacanze dai nonni.
7 Quando (tu — *abitare*) .... a New York, (tu — *lavorare*) .... in una banca, non è vero?
8 Quando Claudio e sua sorella (*essere*) .... bambini, non (*mangiare*) .... carne.

6 Inserisci nel testo "I miei nonni" i verbi tra parentesi all'imperfetto o al passato prossimo.

I miei nonni

Da ragazza mia nonna (**1** *lavorare*) .... alla reception di un Grand Hotel sulla Riviera Ligure. Lì (**2** *conoscere*) .... il nonno, che (**3** *occuparsi*) .... della contabilità. (**4** *Innamorarsi*) .... e (**5** *decidere*) .... di sposarsi. Dopo il matrimonio (**6** *affittare*) .... un piccolo appartamento, ma dopo la nascita della mia mamma e di mio zio, (**7** *preferire*) .... trasferirsi in campagna, dove (**8** *comprare*) .... una casetta con un piccolo giardino. La nonna (**9** *lasciare*) .... il lavoro e (**10** *rimanere*) .... a casa per occuparsi dei figli. Mia madre e mio zio (**11** *crescere*) .... lì e ci (**12** *rimanere*) .... fino a quando anche loro si sono sposati. Il nonno adesso è in pensione da molti anni, ma tutti e due vivono ancora nella loro casetta.

ATTIVITÀ

Produzione scritta e orale

CELI 1

7 Perché secondo te "Caterina è come assente"? Prova a formulare tre brevi ipotesi.

CELI 1

8 Ti piace scattare fotografie? Che cosa ti piace fotografare? Racconta.

Prima di leggere

1 Troverai queste parole nel capitolo 2. Associa ogni parola all'immagine corrispondente.

a baita c fienile e bivacco
b sentiero d arco di montagne f alpeggio

CAPITOLO **2**

Le baite abbandonate

Poco dopo le 10 il treno arriva alla stazione del passo Bernina. Le ragazze scendono, mettono gli zaini in spalla e si avviano verso il famoso ospizio [1], dove hanno deciso di passare la notte prima di cominciare il loro viaggio a piedi. L'itinerario [2] scelto dalle sei amiche inizia dal passo, si snoda lungo un sentiero di alta montagna, per arrivare, in diverse tappe giornaliere, alla loro meta che è un piccolo paese in Italia dove i genitori di Sonia hanno una casetta: un luogo ideale per godersi la montagna e trascorrere delle vacanze rilassanti.

Un po' per spirito d'avventura, un po' a causa delle loro magre finanze, hanno deciso di dormire spesso nei bivacchi o nei fienili abbandonati che si trovano lungo il sentiero.

1. **ospizio** : qui : albergo.
2. **itinerario** : percorso.

19

CAPITOLO 2

Oggi però vogliono fare un'eccezione: prima di rinunciare per qualche tempo alle comodità della vita moderna, si concedono un pomeriggio di tutto riposo al sole sulla terrazza dell'ospizio, la sera una buona cena e un comodo letto nell'albergo che si trova sul passo.

La mattina successiva le ragazze si alzano molto presto e, dopo un'abbondante colazione e, dopo aver comprato delle provviste, si mettono in cammino.

Tutte e sei sono felici e di buon umore.

Il paesaggio davanti a loro è di una bellezza impressionante e i prati, ancora umidi di rugiada[3], sono in piena fioritura.

Dietro all'arco di montagne il sole comincia a fare capolino[4].

Nel pomeriggio passano il confine con l'Italia.

Per documentare questo momento importante, Ester scatta diverse foto e poi, lungo un vecchio sentiero che, molti anni fa era usato dai mulattieri per trasportare merci dalla Svizzera all'Italia e viceversa, continuano il viaggio.

La giornata passa rapidamente e verso sera incontrano un bivacco, dove decidono di passare la notte.

L'itinerario del secondo giorno prosegue lungo un percorso usato in tempi remoti per portare le bestie all'alpeggio.

A mezzogiorno le ragazze si concedono una lunga sosta sulle rive di un laghetto alpino, dove fanno una piacevole merenda. Sul calar della sera raggiungono un gruppo di baite che ormai nessuno usa più.

Sono stanche e decidono di dormire in uno dei fienili, che stranamente è ancora in buono stato. Dopo una cena improvvisata, ognuna di loro si prepara un giaciglio nel fieno.

---

3. **rugiada** : goccioline di umidità.
4. **fare capolino** : spuntare.

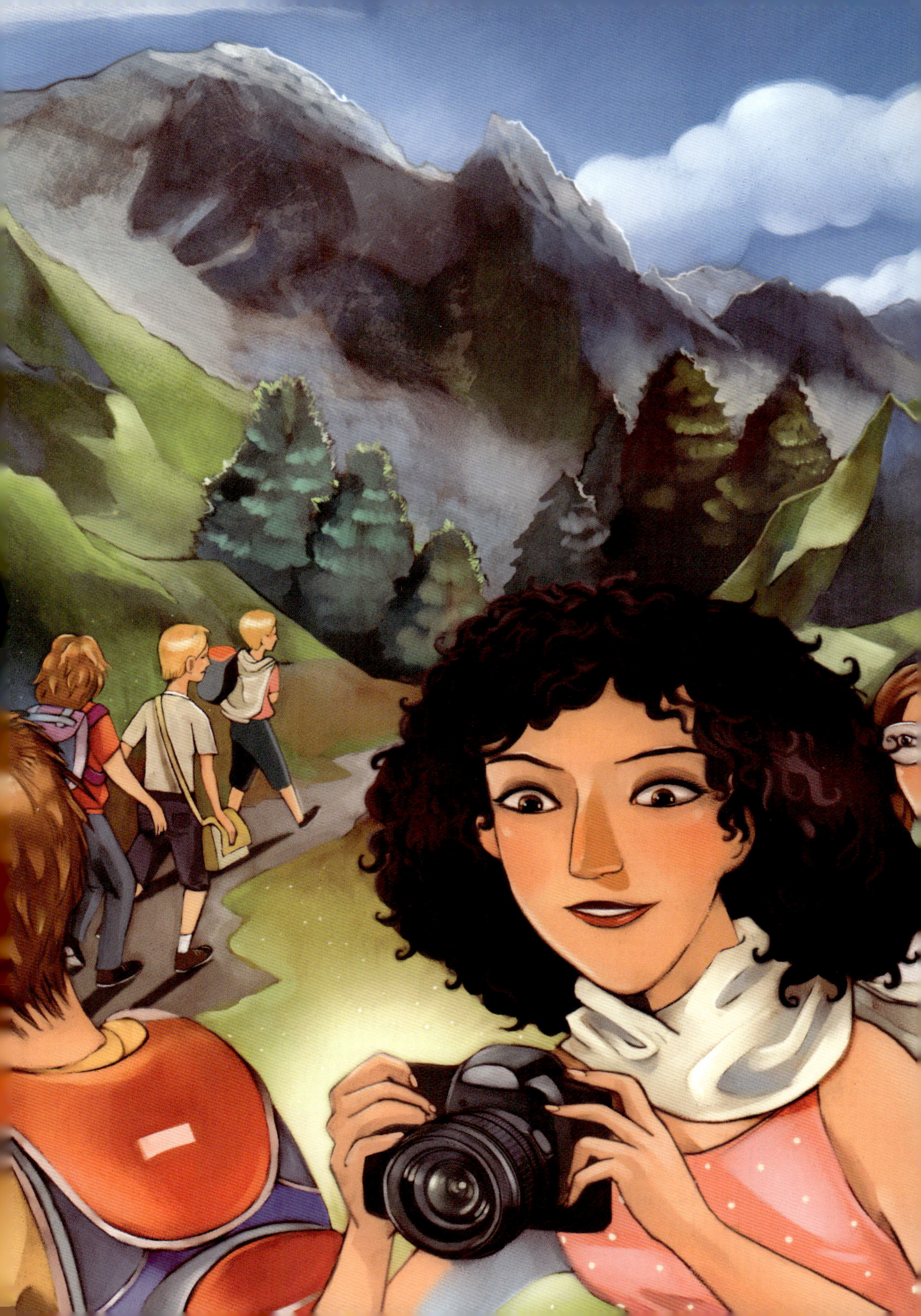

CAPITOLO 2

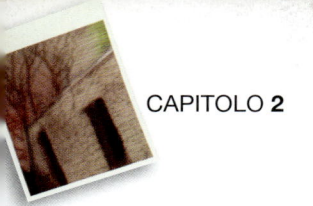

Riescono a malapena [5] ad augurarsi la buona notte e si addormentano subito stremate [6] dalla lunga marcia ma molto soddisfatte.

Improvvisamente nel cuore della notte Caterina si sveglia e non riesce più a prendere sonno.

Molti pensieri la tormentano da quando ha deciso di aprire uno studio dentistico con Cristina.

Anche adesso durante questa magnifica vacanza, non riesce a rilassarsi completamente.

Non la spaventa di certo il fatto di lavorare con Cristina, che conosce benissimo e con la quale va molto d'accordo, ma è molto preoccupata per la situazione finanziaria.

Per realizzare il progetto, le due ragazze hanno dovuto prendere in prestito dalla banca un'ingente [7] somma di denaro e questo fatto fa stare Caterina molto in ansia.

Per distrarsi la ragazza cerca di pensare alla parte del viaggio già compiuto, alla confortevole notte passata all'ospizio, alla bellezza del paesaggio che hanno attraversato, alla gentilezza delle amiche che hanno notato la sua preoccupazione, ma per non turbarla, non le fanno domande e le sono vicine. Pensa anche a Cristina che le ripete spesso "Ehi, non ti preoccupare! Andrà tutto bene, ne sono sicura!".

Ma tutto è inutile: non riesce proprio a riaddormentarsi!

5. **riuscire a malapena** : fare fatica a fare qualcosa.
6. **stremate** : stanchissime.
7. **ingente** : qui : grande.

ATTIVITÀ

Comprensione scritta e orale

CELI 1

1 Rileggi il capitolo e rispondi alle domande.

1 Dove passano le ragazze la prima notte delle loro vacanze?
   ....
2 Dove finisce il viaggio a piedi?
   ....
3 Per quale ragione le ragazze hanno deciso di dormire in bivacchi o fienili?
   ....
4 Com'è il paesaggio quando la mattina si mettono in cammino?
   ....
5 Quando passano il confine con l'Italia?
   ....
6 Chi usava e perché il sentiero che adesso le ragazze percorrono?
   ....
7 Dove fanno merenda a mezzogiorno?
   ....
8 Dove dormono la seconda notte?
   ....
9 Come mai sono molto stanche?
   ....
10 Per quale ragione Caterina si sveglia nel cuore della notte e non riesce più a riaddormentarsi?
   ....

Competenze linguistiche

CELI 1

2 Trascrivi qui sotto l'itinerario del primo giorno di viaggio.

MATTINA: ....
POMERIGGIO: ....
SERA: ....

ATTIVITÀ

3 Collega gli alimenti con la quantità e la preposizione *di*.

Es.: mezzo chilo   di   mele.

1 un chilo   cioccolata
2 sei bottiglie   bresaola
3 quattro etti   acqua minerale
4 mezzo chilo   di   biscotti
5 un pezzo   salame
6 due pacchetti   mele
7 sei tavolette   pane
8 tre etti   formaggio
9 un etto   zucchero
10 due chili   patate

CELI 1

4 Le sei ragazze parlano del loro pranzo durante i giorni feriali. Ascolta il breve dialogo e scrivi chi pronuncia le frasi qui di seguito.

1 Preferisce pranzare con calma. ....
2 Il suo nuovo posto di lavoro non è lontano da dove abita. ....
3 Tutta la famiglia si riunisce per il pranzo. ....
4 Non ha tempo per pranzare, perché ha una pausa molto breve.. ....
5 Nel suo posto di lavoro c'è una mensa. ....Maria Luisa..........
6 Lei e il suo collega comprano qualcosa al supermercato vicino. ....

ATTIVITÀ

Grammatica

I verbi riflessivi

I verbi riflessivi si usano per indicare un'azione reciproca che avviene tra due o più persone. Sono accompagnati da un pronome riflessivo.

Nei tempi composti l'ausiliare dei verbi riflessivi è sempre **essere**.

Si avviano verso il famoso ospizio.
A mezzogiorno le ragazze si concedono una lunga sosta.
Ci siamo trasferiti all'estero tre anni fa.

CELI 1

5 Rimetti in ordine le frasi.

1 si / Mario / colorate / sempre / veste / magliette / con / troppo.
   ....
2 in / sera / perché / ci / pizzeria / non / sabato / tutti / incontriamo?
   ....
3 tra / Carla / e / si / Luigi / mesi / sposano / due.
   ....
4 consiglio / di / vi / in / giorno / qualche / vacanza / andare.
   ....
5 ti / ballo / corso / al / diverti / di?
   ....
6 sempre / presto / molto / anche / vacanza / in / mi / sveglio.
   ....
7 dopo / da concerto / non / fermi / perché / me / ti / il?
   ....

Produzione orale e scritta

CELI 1

6 Organizza un viaggio a piedi. Dove andresti? Perché? In quale periodo dell'anno? Chi porteresti con te? Racconta.

7 Hai già fatto un viaggio a piedi, anche breve? Racconta.

25

ATTIVITÀ

Prima di leggere

1 Troverai queste parole nel capitolo 3. Associa ogni parola all'immagine corrispondente.

a quadrante dell'orologio
b stella
c scaletta
d coperta
e torcia elettrica
f portiera d'auto

CAPITOLO **3**
Voci nella notte

aterina cerca inutilmente di non pensarci e di riaddormentarsi. Per non disturbare le compagne con il suo continuo rigirarsi, decide di alzarsi e di uscire per un po' all'aria aperta. Scende silenziosamente per la scaletta, apre con cautela[1] la porta del fienile e la richiude attenta a fare meno rumore possibile.

Appena fuori guarda il quadrante dell'orologio e vede che sono solo le tre del mattino. Sospira. Istintivamente alza gli occhi al cielo.

Sopra di lei migliaia e migliaia di stelle grandi e piccole risplendono silenziosamente. La ragazza è rapita da quella bellezza e dal silenzio assoluto che la circondano. Per gioco e per distrarsi dai suoi pensieri cerca di ricordarsi i nomi delle stelle: la Via Lattea, Cassiopea, il piccolo Carro, il grande Carro, ...

1. **con cautela** : con attenzione.

Improvvisamente un rumore la distoglie dalle sue riflessioni.

Tende l'orecchio e sente delle voci ovattate [2] provenire dal sentiero che sale verso il gruppo di baite. Caterina è spaventata. Automaticamente cerca un posto, dove nascondersi.

Le voci si avvicinano e si fanno sempre più distinte.

La ragazza, rannicchiata [3] nel suo angolo, ha paura e vorrebbe avvertire le altre, ma non riesce a muoversi.

2. **ovattate**: deboli, lontane.
3. **rannicchiata**: raggomitolata, accucciata.

Resta immobile nel suo nascondiglio e aspetta.

Dopo qualche minuto vede tre persone avvicinarsi al gruppo di fienili.

Due di loro portano faticosamente e silenziosamente un "qualcosa" che sembra essere un corpo umano, avvolto in una coperta. Solo la terza parla, ma la ragazza non riesce a distinguere[4] le sue parole.

4. **distinguere** : qui : capire.

CAPITOLO 3

Dalla sua voce profonda, si rende conto che si tratta di un uomo.

Spera che gli intrusi [5] non entrino nel fienile, dove le sue compagne dormono profondamente.

Quando le tre figure le passano pericolosamente vicino senza accorgersi della sua presenza, la ragazza riesce a vedere le loro facce: sono veramente tre uomini!

I tre individui si dirigono con fare sicuro verso una delle baite alla fine del piccolo gruppo di case.

Caterina li vede entrare e chiudere la porta.

Dal suo nascondiglio riesce a distinguere la luce di una torcia elettrica che fiammeggia all'interno.

Non sa cosa fare, il terrore la blocca.

Decide di aspettare.

Il suo unico desiderio è vedere i tre uomini sparire nella notte.

E difatti, dopo un periodo che le sembra eterno, i tre individui se ne vanno.

Dalle loro risate sembrano essere soddisfatti e di buon umore.

Dopo qualche tempo la ragazza sente arrivare da lontano il rumore di una portiera d'auto che si chiude e di un motore che si avvia. Solo allora comincia a muoversi piano piano.

Esce dal suo nascondiglio tremando.

Ha ancora molta paura.

Lentamente si calma ed entra nel fienile, dove le compagne dormono profondamente.

---

5. **intrusi** : qui : estranei.

ATTIVITÀ

Comprensione scritta e orale

CELI 1

1 Rileggi il capitolo e correggi gli errori nelle seguenti frasi.

1 Sono le dieci di sera e fuori c'è un fortissimo temporale, con lampi e tuoni.

   ....

2 Caterina non riesce più a dormire. Per non disturbare le compagne decide di leggere il giornale.

   ....

3 Per distrarsi e per rilassarsi comincia a contare le pecore che sono sul prato.

   ....

4 Dal sentiero che sale verso le baite sente improvvisamente salire una musica.

   ....

5 La ragazza è felice e cerca un posto dove ascoltare meglio.

   ....

6 Dopo mezz'ora vede 3 alpinisti avvicinarsi al gruppo di fienili.

   ....

7 I tre alpinisti salutano gentilmente la ragazza ed entrano in una delle baite.

   ....

8 Caterina prende una torcia e va a vedere che cosa fanno i nuovi arrivati.

   ....

9 Caterina vede che gli uomini dormono beatamente, rientra nel fienile e va a dormire anche lei.

   ....

Competenze linguistiche

CELI 1

2 Che cosa significano queste espressioni (1-6)? Collegale alle giuste definizioni (a-f).

1	uscire all'aria aperta	a	☐	essere emozionato/a da qualcosa
2	essere rapito/a da...	b	☐	essere completamente coperto/a
3	tendere l'orecchio	c	☐	uscire da un luogo chiuso
4	rimanere immobile	d	☐	sapere esattamente dove andare
5	essere avvolto in...	e	☐	ascoltare con molta attenzione
6	con fare sicuro	f	☐	non muoversi/restare fermo/a

3 Leggi le definizioni e scrivi la parola corrispondente.

1 Caterina la apre con cautela. _ _ _ _ _
2 Risplendono silenziosamente nel cielo. _ _ _ _ _ _
3 Lo sono le voci che salgono dal sentiero. _ _ _ _ _ _ _ _
4 La posizione di Caterina nel suo angolo. _ _ _ _ _ _ _ _ _ _ _
5 Quante persone vede la ragazza? _ _ _
6 Avvolge il "qualcosa". _ _ _ _ _ _ _
7 Lo sono per Caterina le persone che vede arrivare. _ _ _ _ _ _ _
8 Il movimento della torcia nella baita. _ _ _ _ _ _ _ _ _
9 Blocca Caterina. _ _ _ _ _ _ _
10 L'oggetto che si avvia. _ _ _ _ _ _

Grammatica

Il pronome relativo *che*

Il pronome relativo *che* sostituisce un sostantivo (persone o oggetti) e collega due frasi.
Il pronome relativo *che* non cambia.
La ragazza è rapita da quella bellezza e dal silenzio assoluto **che** *la circondano.*
Dal suo nascondiglio riesce a distinguere la luce di una torcia **che** *fiammeggia all'interno.*

ATTIVITÀ

CELI 1

4 **Collega le frasi con il pronome relativo *che*.**

Es.: È un romanzo molto breve. Si legge in due giorni.
*È un romanzo molto breve, **che** si legge in due giorni.*

1 La bresaola è carne di manzo seccata. Viene dalla Valtellina.
....
2 I miei amici hanno un cane. Si chiama *Baldo*.
....
3 Secondo me l'alpinismo è uno sport pericoloso. Non mi piace.
....
4 Ieri sera abbiamo visto il nuovo film francese. È abbastanza interessante.
....
5 In centro hanno aperto un nuovo ristorante. Non è male, ma troppo caro.
....
6 Nel frigorifero ci sono dei dolci. Vengono dalla Sicilia.
....
7 Questo è un formaggio italiano. Ormai è famoso in tutto il mondo.
....
8 Mario condisce la pasta con questo sugo già pronto. Però non è male!
....

5 **Ora usa la tua fantasia e completa le frasi con il pronome relativo *che*.**

Es.: Questo è il CD che *mi ha prestato Luca.*

1 Andare in montagna è una vacanza che ....
2 Il telefonino è un oggetto che ....
3 Mangiare molta frutta e verdura è un'abitudine che ....
....
4 Il tiramisù è un dolce che ....

ATTIVITÀ

Produzione scritta e orale

CELI 1

6 Fai un breve riassunto dei capitoli letti e poi scrivi tre ipotesi su cosa può essere nascosto nella coperta.

Prima di leggere

1 Troverai queste parole nel capitolo 4. Associa ogni parola all'immagine corrispondente.

a attrezzi agricoli c braccio e finestra
b chiave d porta f gamba

CAPITOLO **4**

Il coraggio di Maria Luisa

Caterina riflette "Che cosa faccio adesso? A chi posso raccontare l'accaduto? Forse a Maria Luisa? Sì, Maria Luisa! Lei è la persona adatta! Lei sa sempre cosa fare senza perdere la testa!"

Le si avvicina, la scuote [1] dolcemente per non spaventarla e quando Maria Luisa si sveglia inizia a raccontare. Bisbiglia [2] per non disturbare le altre. All'inizio Maria Luisa ancora intontita [3] dal sonno, non riesce a seguirla. Dopo qualche minuto, le dice: "Senti! Non ho capito molto! È meglio se usciamo!".

1. **scuote** : scuotere, muovere avanti e indietro.
2. **bisbiglia** : bisbigliare : parlare sottovoce.
3. **intontita** : qui : addormentata.

CAPITOLO 4

Fuori nell'aria fresca della notte, Caterina ripete il racconto, che l'amica ascolta attentamente.

Dopo aver riflettuto qualche minuto, Maria Luisa le dice: "Prendi la torcia e andiamo a dare un'occhiata!".

Caterina non è molto entusiasta della proposta, ma anche se ha paura di trovare nel fienile qualcosa di spaventoso, fa quello che l'amica le chiede.

Va a prendere la torcia e le due ragazze si dirigono verso la baita in fondo alla stradina.

Aprono la porta e si guardano in giro cautamente.

Nella stanza oltre ad alcuni vecchi attrezzi agricoli, non c'è assolutamente niente di strano.

Maria Luisa la guarda e in tono severo le chiede: "Mmmm! Sei sicura di non aver fatto un brutto sogno? Qui non vedo proprio niente di strano!"

Caterina è un po' confusa, ma anche offesa dal rimprovero.

Risentita [4], le risponde: "Non ho fatto "*un brutto sogno*"! Io ho *veramente* visto quello che ti ho raccontato. Forse ho sbagliato baita. Sono ancora abbastanza agitata! Proviamo a guardare nella prossima!"

Le due ragazze escono e si dirigono verso l'ultima baita.

Quando cercano di aprire la porta, si accorgono che questa è chiusa a chiave.

Caterina delusa esclama: "E adesso cosa facciamo? E se quei brutti ceffi [5] ritornano e ci trovano qui?"

---

4. **risentita**: offesa, arrabbiata.
5. **brutti ceffi**: persone poco raccomandabili.

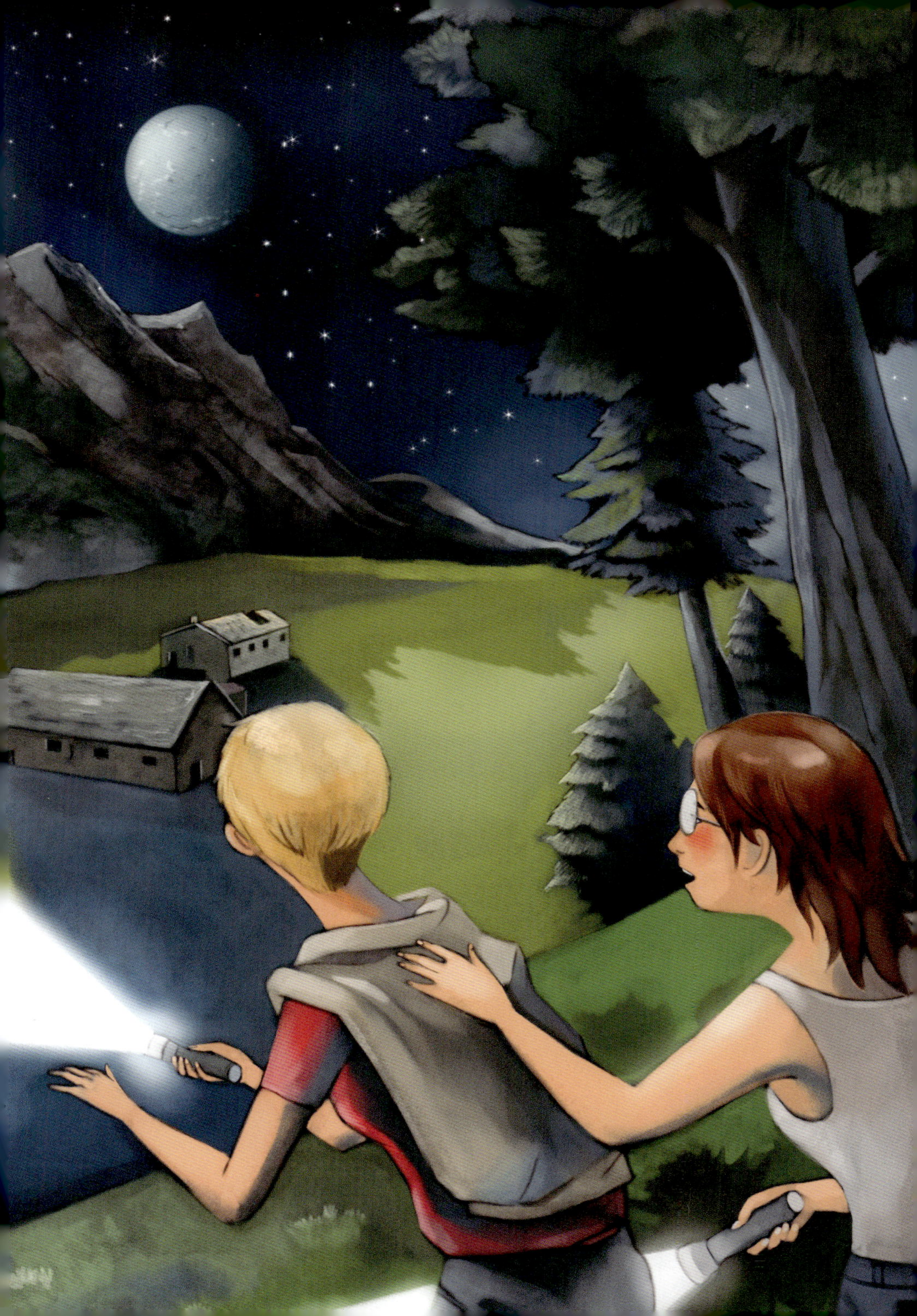

CAPITOLO 4

"Prima di tutto sono certa che i "ceffi", come li chiami tu" risponde calma Maria Luisa "questa notte non tornano di sicuro. E poi questa baita ha certamente anche una finestra. Su, muoviti! Andiamo a cercarla!"

Effettivamente dietro l'edificio c'è una piccola finestra che non è difficile aprire.

Maria Luisa entra per prima, Caterina la segue con timore[6].

In un angolo della stanza notano subito un mucchio di vecchie coperte che sembra nascondere qualcosa.

Maria Luisa lo illumina con la torcia e le due ragazze intravedono qualcosa che spunta di lato: sembra un braccio o forse una gamba.

Sono spaventatissime.

Maria Luisa si fa coraggio, si avvicina cautamente al mucchio di coperte e le solleva.

Lancia un piccolo grido e poi le lascia ricadere senza dire una parola. Caterina osserva terrorizzata la scena.

"Oh, accidenti! Sotto le coperte si nasconde certamente qualcosa di molto spiacevole!" pensa la ragazza in preda al panico[7]. Cerca di scappare dalla finestra, ma sente la voce dell'amica che la chiama.

"Vieni qui" le dice" Vieni a vedere che cosa ho trovato sotto le coperte!"

---

6. **timore** : paura.
7. **in preda al panico** : terrorizzata.

ATTIVITÀ

Comprensione scritta e orale

CELI 1

1 Rileggi il capitolo e rispondi alle domande.

1 Perché Caterina si rivolge a Maria Luisa?
   ....

2 Qual è la reazione di Maria Luisa, quando Caterina inizia a raccontarle l'accaduto?
   ....

3 Perché escono dalla baita?
   ....

4 Che cosa decide di fare Maria Luisa?
   ....

5 Perché Maria Luisa si rivolge all'amica in tono severo?
   ....

6 Come reagisce Caterina?
   ....

7 Per quale ragione decidono di guardare nell'ultima baita?
   ....

8 Perchè le ragazze non riescono ad aprire la porta della baita?
   ....

9 Come entrano le ragazze nella baita?
   ....

10 Che cosa illumina con la torcia Maria Luisa?
   ....

11 Cosa spunta dal mucchio di coperte?
   ....

12 Che cosa pensa Caterina, quando sente l'amica lanciare un piccolo grido?
   ....

ATTIVITÀ

Competenze linguistiche

2 Completa le frasi con le parole proposte. Attenzione, le parole sono alla rinfusa.

> cautamente   chiave   panico   intontita   braccio
> occhiata   l'accaduto   gamba   mucchio

1 Che cosa faccio adesso? A chi posso raccontare .... ?
2 All'inizio Maria Luisa, ancora .... dal sonno, non riesce a seguirla.
3 "Prendi la torcia e andiamo a dare un' .... !"
4 Aprono la porta e si guardano in giro ....
5 Si accorgono che la porta è chiusa a ....
6 In un angolo della stanza notano subito un .... di vecchie coperte.
7 Sembra un .... o forse una ....
8 Pensa la ragazza in preda al ....

CELI 1

3 Scrivi tutte le informazioni che conosci sulle sei ragazze.

Caterina ....
Maja ....
Maria Luisa ....
Sonia ....
Cristina ....
Ester ....

Grammatica

I pronomi personali

I pronomi indiretti di terza persona.
I pronomi indiretti di terza persona sostituiscono un nome usato con funzione di complemento indiretto. Le forme sono:

Singolare		Plurale	
Maschile	Femminile	Maschile	Femminile
gli/a lui	le/a lei	gli/a loro	

40

ATTIVITÀ

I pronomi indiretti si trovano sempre davanti al verbo, tranne all'infinito o nella forma dell'imperativo quando si uniscono al verbo.
*Caterina **le** si avvicina.*   *Maria Luisa **le** dice.*
***A lui** non piace andare al cinema.*   *Domanda**gli** come si arriva alla piazza.*

I pronomi diretti di terza persona.

I pronomi diretti di terza persona sostituiscono un nome usato con funzione di complemento oggetto. Le forme sono:

| Singolare || Plurale ||
Maschile	Femminile	Maschile	Femminile
lo	la	li	le

I pronomi diretti si trovano sempre davanti al verbo, tranne all'infinito o nella forma dell'imperativo quando si uniscono al verbo.
*Maria Luisa, ancora intontita dal sonno, non riesce a seguir**la**.*
*Maria Luisa **la** guarda.*
*"I ceffi — come **li** chiami tu — questa notte non tornano di sicuro".*
*Si avvicina cautamente al mucchio di coperte e **le** solleva.*

CELI 1

4 **Pronomi indiretti o diretti? Scegli l'alternativa corretta.**

1. Hai parlato con Mario? — Non ancora, ma stasera *gli/lo* telefono.
2. Chi ha comprato queste mele? — *La/le* ho comprate io! Perché?
3. Quando vedi i tuoi amici, potresti dar*le*/dar*gli* il mio indirizzo? — Certo, *li/lo* faccio volentieri!
4. Queste pere vengono dal mio giardino, ma mangia*le/gli* subito. Sono già troppo mature!
5. Vedi spesso gli amici francesi? Non spesso, ma quest'estate vado a trovar*le/li*.
6. Non mi dire che non conosci la panzanella? — No, non *la/le* conosco proprio! Che cos'è?
7. È già buio! Dove sono le bambine? — Sono ancora in giardino. Adesso *la/le* chiamo!
8. Susanna è proprio maleducata! Non *li/la* invito più!

41

Telaio usato per la tessitura dei pezzotti.

I pezzotti della Valtellina

Il prodotto artigianale più famoso della Valtellina è il "pezzotto": si tratta di un tappeto confezionato al telaio usando resti di stoffe, che si chiamano "pezze".

Secondo alcuni l'origine di questo prodotto è da attribuirsi ai monaci dell'ordine degli Umiliati che si erano stabiliti in alcune zone della Valtellina.

È più probabile però che i pezzotti siano nati dalla tradizione povera della vita contadina in un tempo in cui era necessario produrre da soli tutti gli oggetti indispensabili alla vita di ogni giorno.

Assieme ai mobili e agli altri utensili che gli uomini ricavavano dalla lavorazione del legno durante i lunghi mesi invernali, anche il pezzotto serviva con i suoi colori sgargianti ad arredare e a rendere più belle case modeste.

Materia prima per il pezzotto erano resti di vecchie tovaglie, coperte, abiti che non si potevano più usare e che venivano quindi riciclati così. Era compito delle donne tesserli su telai di legno usando la loro fantasia e seguendo una tradizione antica di almeno cinque secoli.

Nella produzione di oggi gli stracci sono stati sostituiti da scampoli [1] di cotone o seta, mentre la scelta dei colori e del disegno è diventata sempre più raffinata. Oggi esistono ancora laboratori artigianali, distribuiti in tutta la Valtellina, che producono i pezzotti.
Prodotti simili ai "pezzotti" si trovano anche nelle valli alpine dell'Austria, della Baviera, in alcune regioni montagnose della Repubblica Ceca e persino in Norvegia.

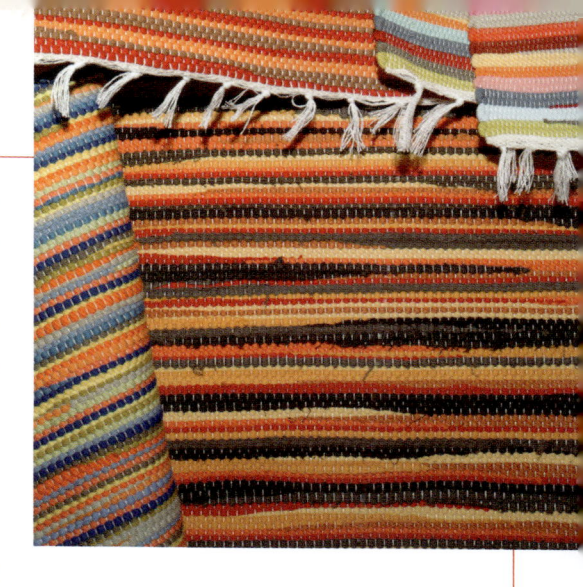

Comprensione scritta

1 Rileggi il testo e segna le risposte giuste.

1 I pezzotti sono i prodotti artigianali
 - a ☐ più moderni della Valtellina
 - b ☐ più famosi della Valtellina
 - c ☐ più cari della Valtellina

2 I pezzotti sono tessuti prodotti riciclando
 - a ☐ resti di legno
 - b ☐ resti di carta
 - c ☐ resti di stoffa

3 I pezzotti sono nati
 - a ☐ dalla tradizione povera contadina
 - b ☐ dagli scambi con la Svizzera
 - c ☐ dal turismo

1. **scampoli**: piccoli pezzi, avanzi di stoffa.

4 I pezzotti servivano per
   a ☐ coprire il fieno
   b ☐ rendere più belle le case modeste
   c ☐ proteggere gli animali dal freddo
5 Il compito di tessere i pezzotti era
   a ☐ dei bambini
   b ☐ dei vecchi
   c ☐ delle donne
6 Nella produzione di oggi si usano tessuti di
   a ☐ cotone o seta
   b ☐ cotone o lana
   c ☐ cotone o poliestere.

Prima di leggere

1 Troverai queste parole nel capitolo 5. Associa ogni parola all'immagine corrispondente.

a statua   c carta geografica   e chiesetta
b ladro   d poliziotto   f centro abitato

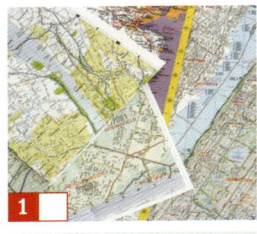

CAPITOLO **5**
Un brutto sogno

Caterina si avvicina titubante[1]. Ha paura, ma la voce tranquilla della sua amica la rassicura. Maria Luisa alza di nuovo le coperte e la ragazza vede con sua grande sorpresa che sotto di esse sono nascoste tre o quattro statue di legno.

A questo punto le osservano attentamente: sono sculture probabilmente antiche che rappresentano figure di santi.

"Hai capito, adesso?" dice Maria Luisa in parte rassicurata "Le persone che hai visto tu, sono probabilmente dei ladri di opere d'arte. Probabilmente rubano le statue nelle chiesette sperdute[2] che si trovano qui sulle montagne e le nascondono nelle baite in disuso[3]. Forse non sono così pregiate" continua in tono esperto

---

1. **titubante** : non molto sicura.
2. **sperdute** : qui : lontane da tutto e da tutti.
3. **in disuso** : che non si usa più, inutilizzato.

CAPITOLO 5

la ragazza che ha studiato storia dell'arte "ma è certamente un grande peccato lasciarle così senza protezione!"

"Hai ragione" aggiunge Caterina "ma probabilmente i tre individui le rubano per poi venderle a qualcuno. Forse lavorano su commissione..."

Le due ragazze riflettono su cosa fare. Dopo qualche tempo, decidono di tornare al fienile e di svegliare anche le altre che ancora dormono profondamente ignare[4] di tutto. Caterina e Maria Luisa devono ripetere diverse volte il racconto alle compagne, che ancora intontite dal sonno, hanno difficoltà a capire.

Ester reagisce per prima e chiede sconcertata: "E adesso che cosa facciamo?"

"Andiamo alla prossima stazione di polizia e raccontiamo tutta la faccenda. Semplice, no?" le risponde Maria Luisa senza esitare.

Insieme consultano la carta geografica e scoprono che a qualche chilometro di marcia si trova un centro abitato abbastanza grande dove potrebbe esserci una stazione di polizia. Appena spunta il giorno[5] prendono i loro zaini e si mettono subito in cammino. Quando arrivano al paese, hanno fortuna: trovano subito quello che cercano. Entrano, il poliziotto di guardia le saluta e chiede gentilmente cosa può fare per loro. Caterina gli racconta l'accaduto. "Perbacco!" dice il ragazzo dopo averla ascoltata attentamente. "Parlo subito con il mio superiore. Aspettate qui un momento. Torno subito!"

Le ragazze restano silenziose in attesa. Dopo qualche minuto una porta si apre e appare un ufficiale, che le invita nel suo ufficio. Caterina aiutata questa volta da Maria Luisa ripete ancora una volta il racconto.

4. **ignare** : che non sanno.
5. **spunta il giorno** : diventa giorno.

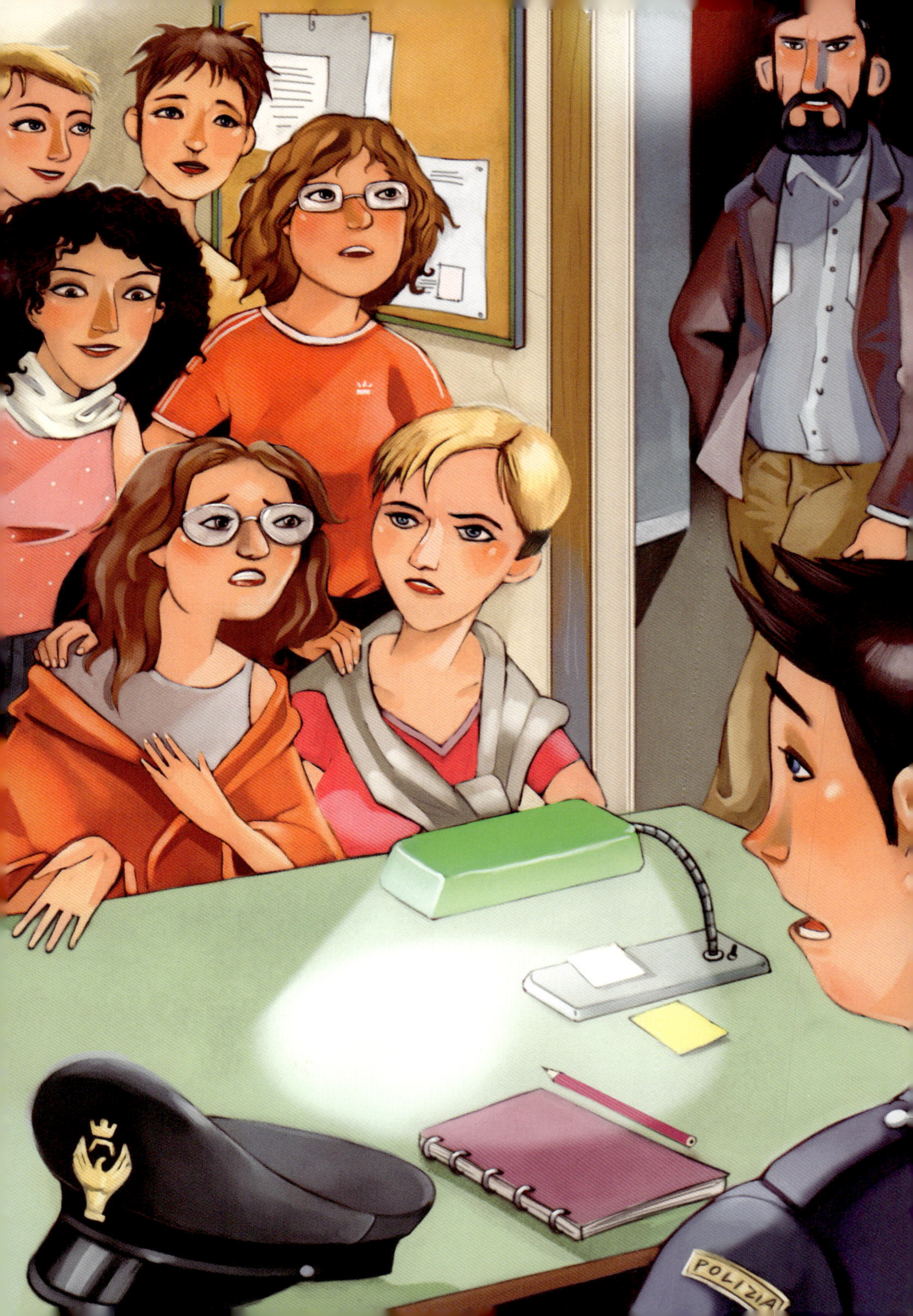
POLIZIA

CAPITOLO 5

"La sua, signorina, è veramente una storia interessante!" dice l'uomo e continua "Effettivamente nella nostra zona da qualche tempo si ripetono furti di opere d'arte, soprattutto in chiese o cappelle isolate. Abbiamo indagato e controllato, ma i malviventi sono sempre riusciti a farla franca. Ora quello che lei mi racconta ci può essere di grande aiuto!"

Riflette qualche minuto poi dice: "Dobbiamo ritornare al posto, dove avete visto le statue. Solo le signorine Caterina e Maria Luisa vengono con noi. Le altre possono restare qui. Con la jeep e con alcuni dei miei uomini faremo più in fretta".

Le altre ragazze sono d'accordo e salutano il gruppetto che parte per salire di nuovo in montagna.

Dopo qualche tempo le due ragazze e i poliziotti raggiungono il posto.

Caterina li conduce subito alla baita, dove sono nascoste le sculture.

Tutti si avvicinano all'edificio.

Uno dei militari apre cautamente la vecchia porta, che stranamente non è più chiusa a chiave. Tutti entrano nella stanza, si guardano in giro, ma non c'è traccia né del mucchio di coperte, né delle statue. Controllano attentamente, ma non c'è proprio nulla.

"Uhm!" dice dopo un po' l'ufficiale grattandosi la testa "Uhm! Strano, molto strano!"

Si rivolge a Caterina e in tono gentile le chiede "Signorina, è sicura di non aver sbagliato baita? Non è che può aver fatto un brutto sogno questa notte?"

Maria Luisa viene subito in aiuto dell'amica. "Capitano" spiega "Anch'io ho visto quelle statue. Questa mattina erano proprio qui!"

Un brutto sogno

Nella stanza regna un silenzio imbarazzante. Caterina è irritata: per la seconda volta in una giornata qualcuno mette in dubbio le sue parole.

Dopo aver discusso per qualche tempo in un angolo con i suoi uomini, il capitano si rivolge gentilmente alle due ragazze e dice: "Vi credo, ma io purtroppo senza prove concrete non posso fare niente! Mi dispiace molto! A questo punto è meglio se facciamo ritorno al paese!"

Davanti alla stazione di polizia le altre aspettano pazientemente. Nell'attesa hanno potuto riposare, bere e mangiare qualcosa. Quando vedono scendere dall'auto le due compagne, si accorgono subito che qualcosa non va.

L'ufficiale e gli altri militari le salutano gentilmente, augurano loro buon viaggio, buone vacanze e rientrano in caserma.

Rimaste da sole Maria Luisa racconta l'accaduto.

Le ragazze sono sconcertate, ma sono convinte che dietro a tutta questa storia si nasconda qualcosa di losco e che Caterina non abbia fatto semplicemente un "brutto sogno".

Per non turbare l'amica, rinunciano a farle delle domande.

Per tutto il tempo Caterina è stata in disparte triste e imbronciata.

Le ragazze le si avvicinano e cercano di consolarla affettuosamente.

Sonia le accarezza il braccio e le dice premurosamente: "Su, Caterina! Non te la prendere. Non è la fine del mondo!" In tono affettuoso continua: "Senti, abbiamo scoperto qui in paese in piccolo albergo molto carino che ha anche un ristorante. Mentre vi aspettavamo, abbiamo guardato il menù. Una meraviglia, ti assicuro!"

CAPITOLO 5

"E allora" continua Ester "abbiamo deciso di passare la notte qui e di concederci una magnifica cena. Sei d'accordo anche tu?"

"Ma sì, Caterina. Dai" prosegue Maja "Andiamo, sorridi! Siamo in vacanza, è una magnifica giornata, cosa vuoi di più! Dimentica le statue e tutto il resto. Vieni andiamo a bere un cappuccino e poi ti sentirai meglio!"

Caterina è commossa dalle parole e dalle attenzioni delle compagne di viaggio.

Decide, ma senza tanta convinzione, di provare a dimenticare l'accaduto.

Assieme alle altre si dirige verso il piccolo albergo.

Sedute al sole sulla piccola terrazza dell'albergo, le ragazze chiacchierano allegramente, mentre bevono bibite fresche. Ester e Sonia hanno già prenotato tre camere per questa notte. Sono le sole ospiti e la signora Anna, cuoca e proprietaria dell'alberghetto, ha offerto loro di decidere il menù. È rimasta molto colpita a sentire che vengono a piedi dalla Svizzera e che hanno ancora un lungo tragitto da fare per arrivare alla meta. Sonia, appassionata di cucina, è entusiasta e vuole dare una mano alla signora Anna, che ha accettato volentieri. Caterina comincia piano piano a rilassarsi e a rallegrarsi di questa serata inaspettata.

Comprensione scritta e orale

CELI 1

1 Rileggi il capitolo, trova e correggi gli errori nelle seguenti frasi.

1 Maria Luisa alza le coperte e sotto ci sono dei quadri antichi.
   ....

2 Secondo Maria Luisa i tre uomini sono degli insegnanti di storia dell'arte.
   ....

3 Quando tornano al fienile le altre sono sveglie e le stanno aspettando.
   ....

4 Le ragazze non ascoltano il racconto di Caterina e Maria Luisa, ma decidono di telefonare subito a casa.
   ....

5 Quando arrivano al paese, vanno subito al bar e fanno colazione.
   ....

6 Il poliziotto di guardia e il suo superiore decidono di salire a piedi alla baita senza le due ragazze.
   ....

7 Nella baita trovano un sacco di mobili antichi sotto un mucchio di giornali.
   ....

8 Il capitano è molto arrabbiato con le due ragazze e vorrebbe metterle in prigione.
   ....

9 Quando tutti ritornano al paese, le altre ragazze sono al ristorante.
   ....

10 Le sei amiche decidono di continuare subito il viaggio in treno.
   ....

Competenze linguistiche

2 Mentre aspettano Caterina e Maria Luisa, le altre ragazze vanno al bar. Ascolta il breve dialogo e scrivi qui sotto che cosa ordina ciascuna di loro.

Ester: ....
Sonia: ....
Maja: ....
Cristina: ....

CELI 1

3 Conosci i nomi di questi animali in italiano? Associa il nome di ogni animale all'immagine corrispondente.

a gallina   c cavallo   e capra
b coniglio   d maiale   f anatra

Grammatica

I verbi modali

I verbi modali sono *dovere, potere, volere, sapere*.

Questi verbi possono essere usati in modo autonomo o possono accompagnare un verbo all'infinito.

La loro coniugazione è irregolare.

Dovere può esprimere una necessità, un obbligo o può essere usato per dare consigli o suggerimenti.

Dobbiamo ritornare *al posto, dove avete visto le statue.*

Potere esprime un'idea di possibilità o con la negazione **non** di impossibilità.

*Senza prove concrete **non posso** fare niente.*
*Il poliziotto chiede gentilmente che cosa **può fare** per loro.*

Volere esprime la volontà di fare qualcosa o può essere usato per formulare un desiderio.

*Cosa **vuoi** di più!*

Sapere si usa per esprimere la conoscenza di qualcosa o la capacità di fare qualcosa.

***Sai** dove lavora Pietro?*   *Tutti e due **sanno** giocare a golf.*

CELI 1

4 Completa le seguenti frasi con il verbo modale adatto.

> dovere   potere   volere   sapere

1. Buongiorno signora, scusi! ……………………… per caso come arrivo in piazza Dante?
2. Fabio e Daniela non ……………………… venire con noi al cinema stasera, perché lavorano fino a tardi.
3. Ma perché (voi) ……………………… andare in vacanza in un posto così lontano?
4. (tu) ……………………… provare la mia torta?

ATTIVITÀ

5 Santo cielo! Si è fatto tardi! ……………… proprio andare a casa!
6 Ci dispiace, ma (noi) non ……………… giocare a carte.
7 (io) ……………… entrare? — Ma certo! Si accomodi!
8 Mario ……………… andare al lavoro in treno. Non gli piace proprio guidare!

5 *Sapere* o *potere*? Completa i seguenti dialoghi.

1   a Senti, ma tu ……………… come si fa la "panzanella"?
    b Mi dispiace, ma non lo ……………… proprio.
2   a Mario, ……………… chiederti un favore? ……………… andare a prendere il pane?
    b Ma certo! Volentieri! ……………… andare subito, se vuoi!
3   a Ragazze, ……………… come finisce quel romanzo?
    b Ma certo! Finisce che i due si lasciano. Triste vero?
4   a Ma come? Siete già stanchi?
    b Come già stanchi? Scusa, ma dopo 10 chilometri a piedi noi non ……………… più camminare!
5   a Valentina non ……………… proprio cucinare!
    b Ah, sì! Quella ragazza in cucina è un vero disastro!
6   a Papà, ……………… prendere la tua macchina stasera?
    b Ah no! Cari ragazzi, stasera proprio no!

Produzione scritta e orale

CELI 1

6 Che cosa pensi dell'idea delle ragazze di andare al ristorante e di dormire nel piccolo albergo?

7 Conosci un ristorante o un albergo in Italia, dove hai mangiato o dormito e che ti è piaciuto particolarmente? Scrivi una breve recensione.

ATTIVITÀ

Prima di leggere

1 Troverai queste parole nel capitolo 6. Associa ogni parola all'immagine corrispondente.

a vigneto
b borgo
c cane
d camera da letto
e sedile posteriore
f carte da gioco

55

CAPITOLO **6**

La casetta di Sonia

Il resto del viaggio prosegue senza altre complicazioni. Le sei amiche seguono ora un sentiero che si snoda tra i famosi vigneti di questa regione.
Il tempo è magnifico e sono tutte di buon umore.

Caterina è un po' più tranquilla e sembra non dare troppo peso all'episodio delle statue nascoste nella baita o ai problemi con lo studio dentistico.

Quando finalmente raggiungono la casetta dei genitori di Sonia, una delle prime all'inizio del borgo semi abbandonato, le ragazze esclamano: "Ma è carina! Proprio carina!"

"Devo fare subito delle foto!" dice entusiasta Ester che ha il compito di documentare il viaggio.

Sonia apre la porta e le fa entrare.

Mostra loro le stanze al pianterreno e poi insieme salgono al piano superiore.

La casetta di Sonia

Le ragazze portano i loro zaini nelle camere e poi cominciano a sistemarsi.

Improvvisamente sentono una voce provenire dall'ingresso.

"Sonia sei tu?" dice qualcuno "Buongiorno! Posso entrare?"

Le sei amiche interrompono il loro lavoro, scendono e sulla porta di casa vedono un uomo anziano con un cane che saltella e scodinzola[1] allegramente.

"Ciao, Toni!" dice Sonia felice e lo abbraccia "C'è anche Monello!" continua rivolta all'animale "sempre il solito birichino[2], eh!"

"Toni, ti presento le mie amiche!" prosegue la ragazza "Questa è Maja, quella accanto alla porta è Maria Luisa, poi c'è Cristina, vicino a lei Caterina e quella che sta arrivando è Ester!" Toni saluta le ragazze e poi chiede: "Avete bisogno di qualcosa?"

Sonia lo ringrazia.

"Grazie Toni! Non ci serve nulla. Ci siamo fermate in paese e abbiamo fatto la spesa. E tu come stai?"

"Eh" le risponde l'uomo "sono vecchio, ma ancora in gamba. Non mi dire che siete venute a piedi dalla Svizzera?"

Le ragazze sorridono e Sonia gli risponde: "Si, caro Toni! Siamo proprio venute a piedi!!"

L'uomo non nasconde la sua ammirazione "Ma che brave! Ma che coraggiose! Che ragazze in gamba! Bene! Allora vi lascio sistemare, ma stasera ci vediamo per la briscola[3], vero?"

"Ma certo, Toni! Verso le otto, come sempre. Ti aspettiamo!" gli risponde Sonia.

1. **scodinzola**: muove la coda.
2. **birichino**: modo di dire affettuoso per indicare che qualcuno è molto vivace, un po' dispettoso.
3. **briscola**: gioco di carte.

Quando l'uomo, accompagnato da Monello lascia la casa, la ragazza spiega brevemente alle amiche chi è.

"Toni" esordisce Sonia "è ormai l'ultimo abitante del borgo. Fino a qualche mese fa ci viveva anche Bepi, ma ormai è molto anziano e non riesce più a badare a se stesso, è sceso a valle, dove abita con la figlia. Toni e la sua famiglia erano i vicini di casa di mia nonna, che è nata qui. I due si conoscono da sempre e sono molto amici.

Come vi ho già raccontato, mia nonna si è trasferita in Svizzera a cercare lavoro quando aveva 18 anni. Lì ha incontrato il nonno e si sono sposati. Lei però non ha mai dimenticato il suo paese d'origine e tornava qui ogni estate. Alla morte dei suoi genitori ha ereditato la casetta che, assieme al marito, ha sempre curato. Ora sia lei che il nonno sono vecchi e hanno poca voglia di viaggiare, quindi o io o i miei genitori ci veniamo ogni tanto a controllare

CAPITOLO 6

che tutto sia a posto. Toni ha il compito di custodirla durante la nostra assenza. E la sera, quando siamo qui, viene spesso a fare una partita di briscola e..."

"Scusa" la interrompe Cristina "ma *briscola* che cosa vuol dire?"

"È semplicemente un gioco di carte molto divertente. Facilissimo da imparare!" le spiega Sonia.

Le giornate passano allegramente.

Le ragazze si riposano e ogni tanto fanno delle escursioni nelle montagne vicine.

Qualche volta, sotto la guida di Sonia che ha frequentato la scuola alberghiera ed è una brava cuoca, le ragazze preparano dei pranzi o delle cene, alle quali invitano anche Toni che vi partecipa con entusiasmo per trascorrere un po' di tempo in compagnia.

Una o due volte la settimana alcune di loro, a turno, scendono con la vecchia macchina di Toni fino alla piccola città in fondo alla valle per fare provviste.

Ci sono parecchi negozi e riescono a trovare sempre tutto quello di cui hanno bisogno.

Spesso devono portarsi dietro anche Monello: il suo padrone lo ha abituato a prendere posto sul sedile posteriore della macchina.

Al cane piace molto andare in auto e quindi ne approfitta ogni volta che può.

Comprensione scritta e orale

CELI 1

1 Rileggi il capitolo e scegli l'alternativa corretta.

1   Durante l'ultima parte del viaggio a piedi le ragazze sono
    a ☐ di buon umore
    b ☐ stanche

2   La casetta di Sonia è
    a ☐ nel centro del borgo semi abbandonato
    b ☐ all'inizio del borgo semi abbandonato

3   Le ragazze portano
    a ☐ le valigie nelle loro camere e cominciano a discutere
    b ☐ gli zaini nelle loro camere e cominciano a sistemarsi

4   Il vicino di casa si chiama
    a ☐ Toni e il suo cane Monello
    b ☐ Bepi e il suo cane Baldo

5   Sonia presenta al vicino
    a ☐ le sue amiche
    b ☐ i saluti dei nonni rimasti in Svizzera

6   Toni dice che
    a ☐ è vecchio e gli fa male una gamba
    b ☐ è vecchio, ma è ancora in gamba

7   Toni viene stasera a casa delle ragazze per giocare a
    a ☐ briscola
    b ☐ a tennis

8   Toni era
    a ☐ un cugino della nonna di Sonia
    b ☐ un vicino della nonna di Sonia

9   La nonna di Sonia si era trasferita a 18 anni in
    a ☐ in Svezia
    b ☐ in Svizzera

10 Sotto la guida di Sonia le ragazze preparano
    a ☐ pranzi e cene
    b ☐ la tavola

Competenze linguistiche

2 Ester ha il compito di scattare fotografie per documentare il viaggio. Eccone alcune. Abbina correttamente le immagini 1-8 ai titoli a-h.

a un laghetto alpino
b un piccolo albergo
c la casetta di Sonia
d una baita
e Bernina Express
f ospizio del Bernina
g Monello
h un prato fiorito con una catena di montagne in sottofondo

Questo è il laghetto alpino, dove le ragazze hanno fatto merenda

ATTIVITÀ

3 Cristina ha il compito di tenere un diario per documentare il viaggio. Rileggi il capitolo: che cosa scrive secondo te per raccontare questa giornata?

CELI 1

4 Che cosa significano queste espressioni? Collega gli elementi delle due colonne.

1	non dare troppo peso	a	☐	essere tutto in ordine
2	essere in gamba	b	☐	occuparsi di/prendersi cura di
3	badare	c	☐	con le istruzioni di/con l'aiuto di
4	essere tutto a posto	d	☐	in buona salute/capace/esperto
5	sotto la guida di	e	☐	essere addestrato
6	essere abituato a	f	☐	non preoccuparsi/non dare importanza

Grammatica

Le preposizioni semplici e articolate

Le preposizioni sono particelle invariabili che servono a unire due elementi (parole o gruppi di parole) di una frase, mettendoli in relazione tra di loro.

Le preposizioni semplici sono di, a, da, in, su, con, per, tra, fra.

Le preposizioni semplici **di**, **a**, **da**, **in**, **su** si possono combinare con le diverse forme dell'articolo determinativo, dando così origine alle preposizioni articolate.

Le **preposizioni articolate** sono variabili. Possiedono, come gli articoli determinativi a cui si uniscono, forme diverse per il maschile e il femminile, il singolare e il plurale.

	il	lo	la	i	gli	le
di	del	dello	della	dei	degli	delle
a	al	allo	alla	ai	agli	alle
da	dal	dallo	dalla	dai	dagli	dalle
in	nel	nello	nella	nei	negli	nelle
su	sul	sullo	sulla	sui	sugli	sulle

La casetta **di** Sonia è una **delle** prime **all'**inizio **del** borgo.
Le ragazze portano i loro zaini **nelle** camere.
Il suo padrone lo ha abituato a salire **sul** sedile posteriore **della** macchina.

ATTIVITÀ

CELI 1

5 Scegli l'alternativa corretta.

1. Durante il fine settimana andiamo spesso *sul/nel/al* cinema.
2. Carlo preferisce studiare *di/in/con* biblioteca.
3. Giulia e Valentina sono arrivate ieri *nella/sulla/dalla* Francia.
4. Di solito ci alziamo per *le/alle/nelle* sette.
5. Oggi al mercato ho comprato *delle/alle/dalle* fragole.
6. L'università si trova *in/tra/con* la banca e il cinema.

6 Completa le frasi con le preposizioni semplici o articolate mancanti.

1. Marco comincia a lavorare .... otto.
2. Durante il fine settimana ci trovi .... campagna.
3. Di solito .... mezzogiorno mangio solo .... frutta.
4. La macchina .... Andrea è molto veloce.
5. .... mare preferisco stare seduta tranquillamente .... sedia .... sdraio.
6. Potresti richiamarmi .... 5 minuti?
7. Non sappiamo proprio .... dove vengono queste mele.
8. La distanza .... Milano .... Torino è .... circa 140 chilometri.

Produzione scritta e orale

CELI 1

7 La casetta di Sonia e il borgo semi abbandonato t'interessano. Vorresti passarci due settimane di vacanza. Scrivi una e-mail a Sonia per chiederle se è possibile affittare la sua casetta. Chiedi inoltre alcune informazioni sul borgo.

8 Vuoi invitare a cena i tuoi amici italiani. Scrivi che cosa prepareresti da mangiare.

9 Se non sai o non ti piace cucinare in quale tipo di ristorante del tuo paese li porteresti? Perché?

ATTIVITÀ

Prima di leggere

1 Troverai queste parole nel capitolo 7. Associa ogni parola all'immagine corrispondente.

- a   sedia a sdraio
- b   pentole
- c   padelle
- d   jeep-fuoristrada
- e   bicchiere
- f   capra

CAPITOLO **7**

Una decisione molto pericolosa

Caterina è seduta sulla sedia a sdraio in giardino e si gode il sole.
Sonia, aiutata da Maja e da Maria Luisa, traffica[1] con pentole e padelle in cucina, mentre Cristina ed Ester sono in giro a scattare fotografie.

Il libro che Caterina vorrebbe leggere è chiuso sulle sue ginocchia. La ragazza preferisce guardare il panorama e prendere il sole.

A un tratto dalla parte più alta del borgo sente il rumore di una macchina che si avvicina. "Strano!" pensa "Oltre a Toni e a noi, qui non abita più nessuno. Boh?! Saranno turisti". Prende in mano il libro, lo apre e vorrebbe leggere, ma non riesce a concentrarsi.

1. **traffica**: lavora, usa.

Una decisione molto pericolosa

Incuriosita, alza gli occhi e vede una vettura fuoristrada che si avvicina lentamente alla casetta.

Il conducente avanza piano perché la stradina è così stretta che non è proprio possibile guidare a velocità normale.

Inoltre la vettura che ora è arrivata davanti alla casetta di Sonia, deve fermarsi per evitare di investire [2] Monello, che si è sdraiato beatamente in mezzo alla strada.

Il cane non vuole andarsene, uno dei passeggeri scende dalla vettura e lo caccia via in malo modo [3].

Caterina ha tutto il tempo di osservare la scena con calma; sta per intervenire per difendere Monello ma si blocca di colpo.

I tre passeggeri del fuoristrada per fortuna non si curano [4] di lei ma la ragazza ha un improvviso fremito [5] di paura.

"O mamma mia!" pensa e cerca di rannicchiarsi nella sdraio per non essere vista "Ma sono le persone che ho visto nella baita! Sono proprio loro, ne sono sicura! Che cosa fanno questi tre individui nel nostro borgo? Come mai non li ho visti prima d'ora?"

Mentre Caterina cerca di riordinare i suoi pensieri, il fuoristrada si rimette in moto e prosegue per la stradina che scende a valle.

La ragazza si alza di scatto, si precipita in cucina e grida "Sono qui! Sono qui! Li ho visti! E adesso cosa facciamo?"

Sonia, Maja e Maria Luisa interrompono il loro lavoro e la guardano sconcertate senza capire. Cercano di calmarla, la fanno sedere e le danno un bicchiere d'acqua.

---

2. **investire** : passare sopra con l'auto.
3. **in malo modo** : con modi bruschi e scortesi.
4. **non si curano** : non la guardano nemmeno.
5. **fremito** : brivido.

CAPITOLO 7

Tranquilla come sempre Maria Luisa le dice "Caterina, su calmati! Bevi un sorso [6] d'acqua e racconta ancora una volta tutto dall'inizio, ma lentamente e senza balbettare. Va bene?"

Le parole e il tono di Maria Luisa tranquillizzano la ragazza, che dopo un sospiro profondo, riferisce alle amiche quanto appena accaduto.

Alla fine del racconto aggiunge che ha deciso di chiarire tutta questa faccenda.

Le altre cercano di dissuaderla [7], ma sanno molto bene che quando Caterina si mette in testa qualcosa è difficile farle cambiare idea.

"Devo assolutamente sapere" dice la ragazza in tono deciso "se i tre uomini abitano nel nostro borgo, chi sono? E che cosa fanno qui?"

La sera, quando Toni arriva per la solita partita, Caterina lascia passare un po' di tempo e poi gli chiede con fare indifferente "Toni, sai per caso se qui nel nostro borgo abitano altre persone?" e continua "Ti spiego: oggi ho visto passare un potente fuoristrada con dentro tre uomini. Li conosci? Sai per caso chi sono?"

Il vecchio Toni interrompe il gioco e le risponde: "Tre uomini?? Sì, sì! Sono arrivati nel borgo circa un mese fa ma non so nulla di loro. So solo che hanno affittato la casa di Bepi e che non sono per niente gentili. All'inizio io li salutavo sempre, ma loro non rispondevano mai! Sono gente strana!" e vorrebbe continuare con il gioco.

"E sai per caso" si intromette Maja "perché abitano qui nel borgo? Sono turisti o cosa?"

---

6. **sorso**: piccola quantità di liquido (acqua).
7. **dissuaderla**: farle cambiare idea.

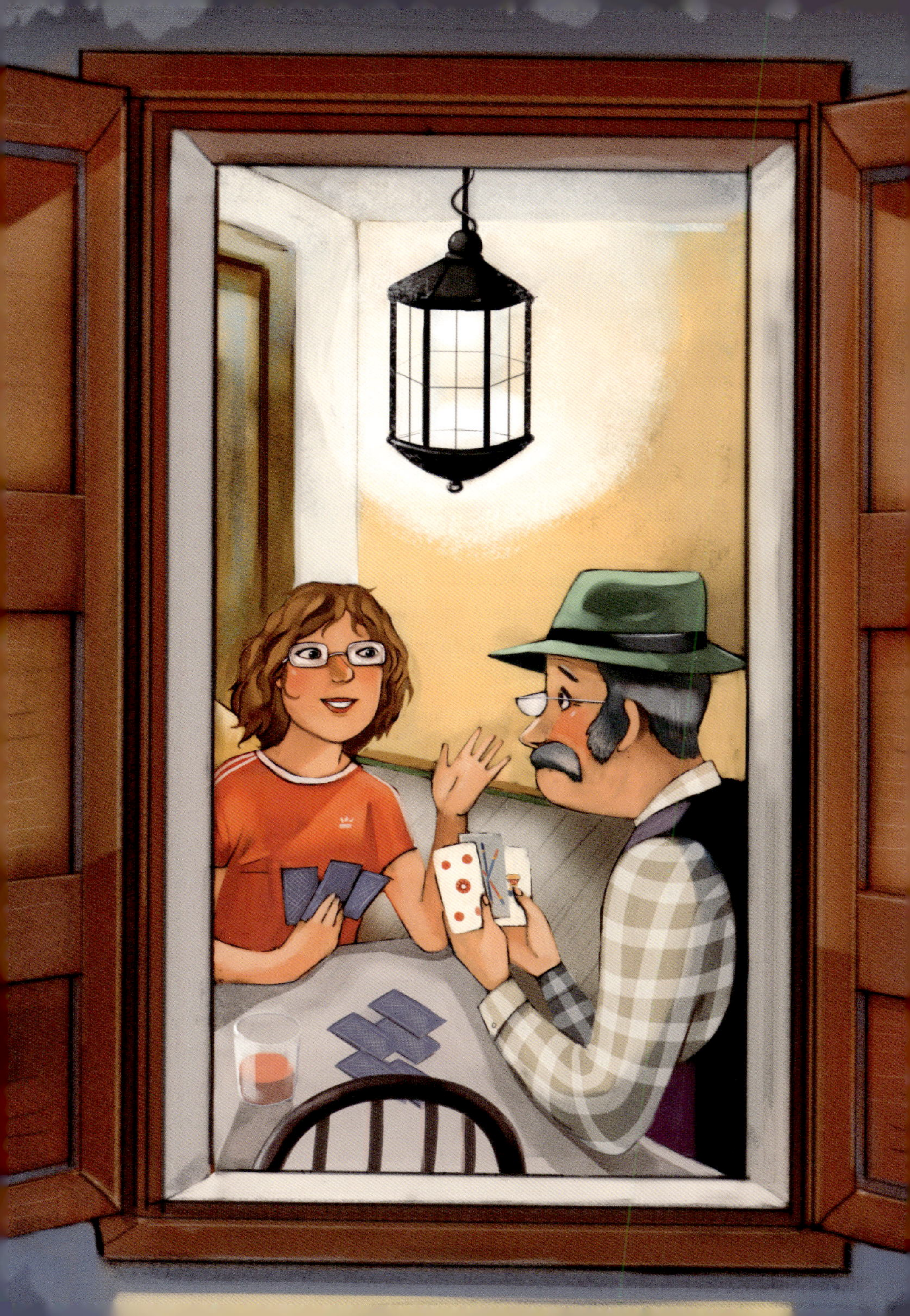

CAPITOLO 7

"Non lo so proprio" le risponde Toni "Qualche volta li ho visti partire con la loro macchinona anche a tarda sera. Sarà stata mezzanotte. E in alcuni casi li ho visti ritornare al mattino presto, quando facevo uscire le capre dalla stalla. Ho pensato che forse fanno il turno di notte giù in pianura. O lavorano come guardiani notturni. Chi lo sa! Vanno e vengono! Alle volte sono assenti per giorni. A me comunque non danno fastidio! Una cosa è certa: sono dei gran maleducati, ma io non mi curo di loro e loro di me! Cosa vi devo dire? Non saprei proprio....!" alza le spalle e si concentra nel gioco.

Caterina è soddisfatta delle informazioni.

Quando Toni se ne va, comunica subito alle amiche la sua decisione: vuole tenere d'occhio [8] quei tre individui e, alla prima occasione, seguirli per vedere dove vanno e cosa fanno.

"Toni mi presta di sicuro la sua macchina senza fare tante domande!" dice convinta.

Le compagne sono spaventate e tentano di dissuaderla in ogni modo.

"Ma stai scherzando? Ma ti rendi conto che è pericoloso? Ma perché vuoi metterti nei guai? Lascia perdere!" replicano in coro. Caterina testarda non le ascolta e non cede. Vuole dimostrare ai poliziotti che ha detto la verità. Non è riuscita a dimenticare lo smacco [9] di qualche tempo fa. Maja si rende conto che continuare a discutere con lei è inutile. A voce alta esclama "Se Caterina è ben decisa a seguire i tre ceffi, allora io l'accompagno!"

Le altre smettono subito di chiacchierare e la guardano sorprese "Perché proprio tu?" le chiede Ester. "Ho le mie ragioni" le risponde Maja gentilmente. "Buone ragioni, spero!" ribatte Maria Luisa. "Sì" dice la ragazza in tono risoluto "Vi chiedo solo di fidarvi di me!"

8. **tenere d'occhio**: controllare, seguire.
9. **smacco**: la vergogna.

ATTIVITÀ

Comprensione scritta e orale

CELI 1

1 Rileggi il capitolo e metti gli eventi nell'ordine cronologico corretto.

1. ☐ La ragazza si rannicchia nella sdraio per non farsi vedere. Appena i tre se ne vanno, entra in cucina e grida "Li ho visti! Sono loro! Li ho riconosciuti".

2. ☐ Caterina sente il rumore di una vettura che si avvicina. Incuriosita alza gli occhi e vede arrivare lentamente un potente fuoristrada.

3. ☐ Caterina prende il sole in giardino e vorrebbe leggere un libro. Sonia lavora in cucina aiutata da Maria Luisa e Maja, mentre Cristina e Sonia sono in giro a scattare fotografie.

4. ☐ Caterina è ben decisa a chiarire la situazione e a seguire i tre uomini. Le compagne cercano inutilmente di dissuaderla e allora Maja propone di accompagnare l'amica.

5. ☐ Uno dei passeggeri scende dalla vettura e caccia via in malo modo Monello. Caterina ha la possibilità di guardare i 3 uomini e di riconoscerli: sono i brutti ceffi della baita!

6. ☐ Le amiche la calmano, Caterina decide di chiedere informazioni a Toni. Il vecchio uomo le dà alcune informazioni, non sa molto sulla presenza dei tre nel piccolo borgo.

CELI 1

2 Cerca nel capitolo il contrario delle seguenti parole.

1. aperto ....
2. silenzio ....
3. larga ....
4. monte ....
5. agitare ....
6. velocemente ....
7. interessato ....
8. convincere ....
9. bugia ....
10. a voce bassa ....

ATTIVITÀ

Competenze linguistiche

CELI 1

3 Ecco Toni. Prova a descriverlo.

....
....
....
....
....

4 Come potrebbero passare le giornate le ragazze? Leggi le attività qui di seguito e indica a che ora si svolgono.

| colazione in giardino | fare la spesa | preparare la cena |
| giocare a briscola | leggere/fare fotografie | andare a dormire |

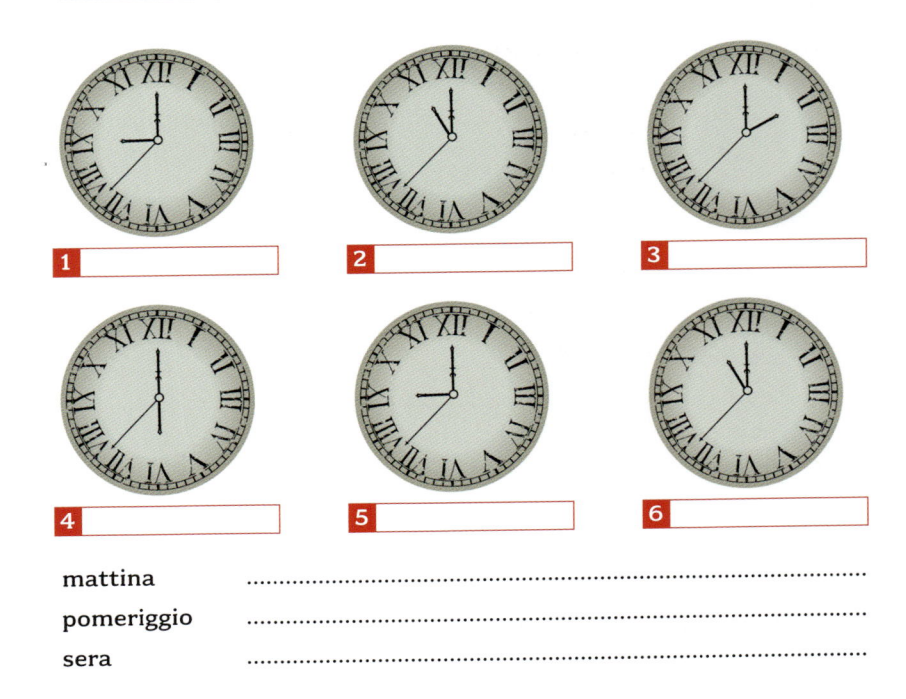

1 _____ 2 _____ 3 _____

4 _____ 5 _____ 6 _____

mattina   ....
pomeriggio   ....
sera   ....

72

ATTIVITÀ

Grammatica

Le preposizioni coordinate *e/o/ma*

Le coordinate ***e/o/ma*** sono preposizioni che, all'interno di un periodo, sono collegate alla proposizione principale o alla subordinata per mezzo di una congiunzione coordinante ***e/o/ma***.

Il loro compito è di collegare le frasi all'interno di un periodo.
La ragazza preferisce guardare il panorama **e** *prendere il sole.*
Sta per intervenire per difendere Monello, **ma** *si blocca di colpo.*
Ho pensato che forse fanno il turno di notte giù in pianura. **O** *lavorano come guardiani notturni.*

5 Collega 1-8 con a-h per formare delle frasi.

1. Preferite andare al cinema
2. Ho telefonato al ristorante
3. Vanno spesso al mare
4. Il treno ha 20 minuti di ritardo
5. Non gli piacciono i dolci
6. Avevamo deciso di andare a Parigi
7. Valentina si è laureata in giugno

a ☐ ma per domani non c'è un tavolo libero.
b ☐ e così perdiamo la coincidenza!
c ☐ o fare una passeggiata
d ☐ e adesso lavora all'estero.
f ☐ ma poi abbiamo cambiato idea.
g ☐ e non li mangia mai.
h ☐ ma non sono molto abbronzati.

Produzione scritta e orale

CELI 1

6 Dove e come passi di solito le vacanze? Racconta.

7 Perché Maja dice "Vi chiedo solo di fidarvi di me!" Prova a fare 4 brevi ipotesi.

73

Il Trenino Rosso in mezzo alla neve.

Il trenino rosso:
il Bernina Express

"**Dai ghiacciai alle palme**" ecco lo slogan di questo mezzo di trasporto, considerato da molti uno dei più belli del mondo e perfettamente inserito nella natura.

Il Bernina Express collega Coira, la più antica delle città svizzere, con Tirano, pittoresca cittadina della Valtellina.

Il trenino percorre 145 chilometri in circa 4 ore, attraversa ben 196 ponti, passa per 55 gallerie e supera, senza cremagliera, pendenze fino al 70‰, creando effetti molto suggestivi.

Nel punto più alto, e cioè il passo del Bernina, l'altitudine raggiunta è di 2.253 m., mentre quella più bassa (Tirano) è di 429 m.

1. **cremagliera** : meccanismo usato nel trasporto ferroviario, soprattutto in montagna, per superare grandi pendenze.

Suggestivo passaggio del Trenino rosso su un ponte.

Il viaggio su questo treno, nato nel 1910 e dal 2008 Patrimonio mondiale dell'Unesco, è assolutamente unico per i paesaggi pittoreschi che attraversa. Seduti in comode e confortevoli carrozze panoramiche i passeggeri vedono sfilare davanti a loro dapprima i pittoreschi villaggi dell'Engadina, poi il corso del fiume Albula, fino ad arrivare ai ghiacciai del Bernina, da dove inizia la discesa tra gli splendidi boschi della Val Poschiavo per arrivare alla fine del viaggio in un paesaggio mediterraneo.

È possibile scendere in qualsiasi stazione del tragitto per fare una passeggiata nei boschi oppure ammirare le stupefacenti vallate. Alcune stazioni sono infatti

L'arrivo a Tirano.

75

Il trenino del Bernina in arrivo a Lugano

collegate anche da un percorso pedonale e il biglietto del treno consente di scendere e risalire anche più volte lungo il tragitto.

A chi vuole proseguire il viaggio fino a Lugano sul lago omonimo, con le sue rive circondate dalle palme decantate dallo slogan, esiste un collegamento autobus tra Tirano e Lugano, che costeggia il lago di Como.
Poiché il trenino del Bernina attraversa zone di montagna, è un'esperienza interessante fare il viaggio in due stagioni diverse.

Il centro storico di Coira, in Svizzera.

In primavera e in estate chi ama i fiori e la natura può trascorrere ore a esplorare prati e boschi, dove è facile trovare varietà anche rare.

In autunno inoltrato e in inverno, invece, dopo le abbondanti nevicate, il paesaggio diventa completamente bianco. Il viaggio allora diventa quasi fiabesco. Le valli diventano candide e gli unici colori che si incontrano sono quelli delle piccole case di pietra dei villaggi e le torri appuntite dei campanili.

Comprensione scritta

1 Leggi ancora una volta il testo, poi inserisci nella griglia le informazioni sul "Trenino Rosso".

percorso	lunghezza e durata del percorso	informazioni tecniche	inaugurazione	altre informazioni

2 Esiste nel tuo paese o conosci in altri paesi un treno simile al Bernina Express? Racconta.

3 Prepara un breve slogan pubblicitario per reclamizzare su giornali e riviste italiani questo treno.

Prima di leggere

1 Troverai queste parole nel capitolo 8. Associa ogni parola all'immagine corrispondente.

a discoteca
b mosca
c pianura
d parcheggio
e fari
f tornante

CAPITOLO **8**

La piccola chiesa di San Mamete

L'osservazione discreta dei tre individui ha inizio. La macchina di Toni è sempre parcheggiata davanti alla casetta pronta a entrare in azione.

Come aveva previsto Caterina, Toni non ha fatto domande quando lei gli ha chiesto di poter disporre[1] dell'auto, ma si è limitato a scherzare dicendo: "Volete andare in discoteca? Fate bene! Beata gioventù!"

Nei primi giorni non succede nulla di speciale: i tre uomini non sembrano essere a casa o, se ci sono, non si fanno vedere in giro. Una notte le ragazze, che un'animata[2] discussione ha tenute sveglie fino a tardi, vedono passare lentamente il famoso fuoristrada.

Il momento è arrivato: Caterina e Maja afferrano alcune cose e corrono velocemente verso la macchina.

1. **disporre** : usare.
2. **animata** : accesa.

CAPITOLO 8

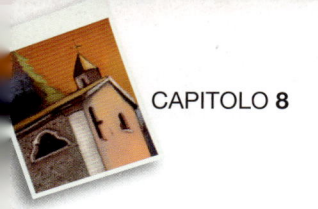

Appena Maja apre la portiera posteriore per metterci lo zaino, Monello spunta dal buio, e come sua abitudine, salta sul sedile, si sdraia e non vuole saperne di scendere.

Dopo alcuni tentativi, le ragazze per non perdere altro tempo prezioso, decidono di portarlo con loro.

"Monello di solito non fa male a una mosca" dice Cristina e prosegue "ma forse questa volta potrebbe anche esserci utile! Non si sa mai! Mi raccomando fate attenzione!"

Caterina e Maja partono. Cominciano a scendere per la stradina che porta in pianura, ma non vedono più il fuoristrada, che sembra essere sparito. Le due ragazze preoccupate pensano di averlo perso. A un tratto in un tornante più in basso, vedono una luce che si muove.

"Eccoli!" esclama Maja "Sono loro!"

Mantenendo una certa distanza, le ragazze seguono la vettura, che prima scende verso la pianura, poi prosegue per alcuni chilometri sulla strada statale e infine gira per una stradina secondaria che sale verso una montagna.

"Aha! Aha!" dice Caterina "Da qui, se non mi sbaglio, si sale verso la chiesetta di San Mamete"

"San chi?" le chiede Maja incuriosita. "S A N M A M E T E" sillaba lentamente la ragazza e prosegue "Ho letto da qualche parte che questo era o è un santo abbastanza famoso in questa regione. Adesso vedremo se gli uomini sono veramente dei ladri di opere d'arte. A quest'ora di notte, non fanno certo un'escursione in montagna! Tu che ne dici?"

"Probabilmente hai ragione tu! Comunque seguiamoli e vediamo che cosa succede. La cosa più importante però è di non metterci in pericolo e soprattutto di non farci beccare [3]"

---

3. **beccare** : prendere, scoprire.

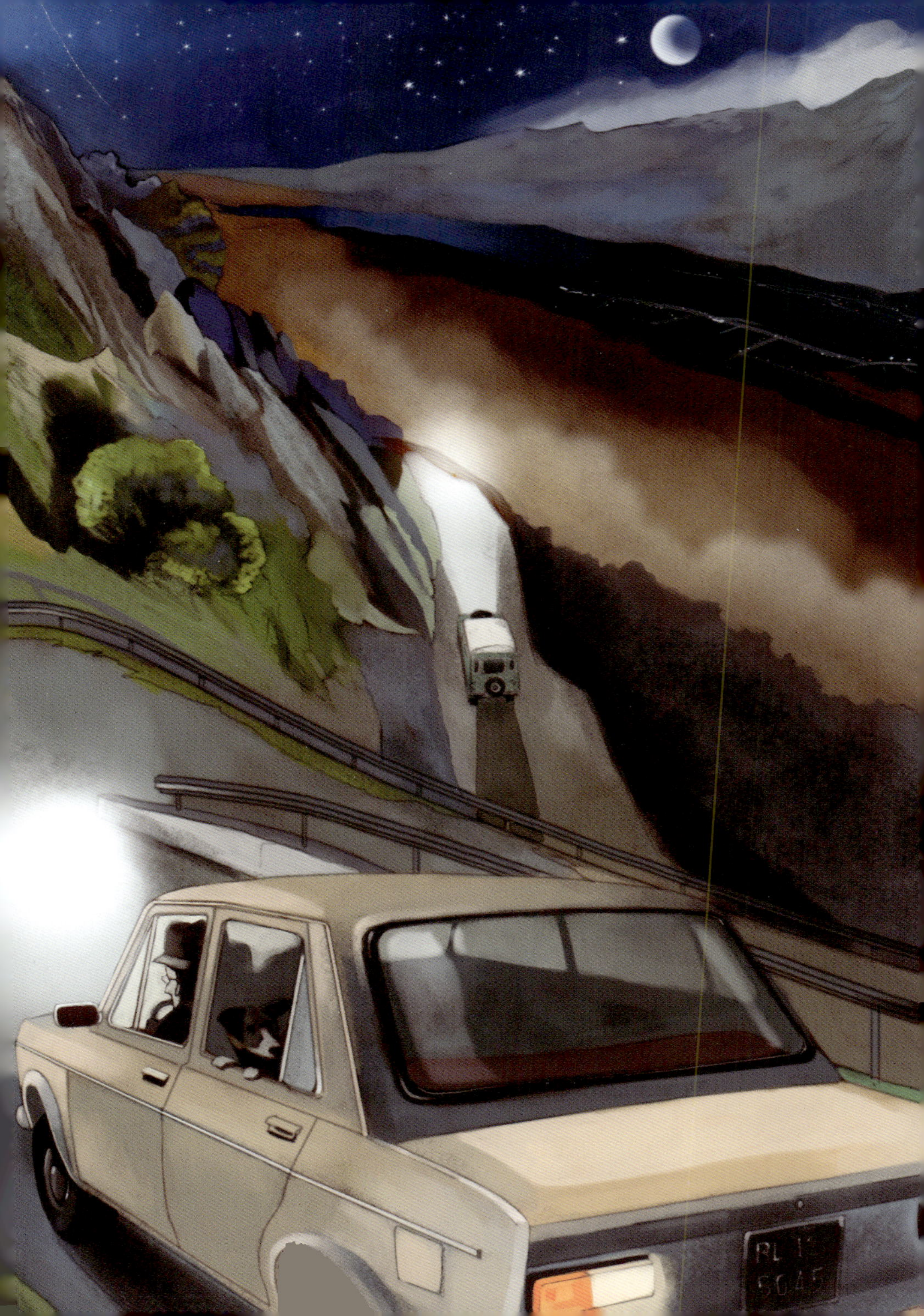

CAPITOLO 8

L'inseguimento prosegue con successo. I tre del fuoristrada sembrano non accorgersi della macchina che li segue. Arrivata a un piccolo parcheggio, la vettura si ferma e i tre scendono.

Dopo un po' cominciano a salire per un piccolo sentiero che porta a una chiesetta. A loro volta le due ragazze fermano la macchina mantenendo una certa distanza da quella degli uomini.

"Ecco vedi" bisbiglia Caterina dopo qualche minuto "avevo ragione io. Sono proprio dei ladri! Se non mi sbaglio, mi è sembrato di vederli portare con loro delle corde e delle coperte. Adesso il motivo della loro gita notturna è chiaro. Senti, questa è una faccenda tra me e loro. Tu resta qui. Io salgo un pezzetto per il sentiero e cerco di vedere che cosa combinano i tre amici".

"Ma nemmeno per sogno[4]!" le risponde Maja scuotendo la testa "Scordatelo[5]! Ho detto che vengo con te e basta! E non cercare di discutere come fai di solito. Non mi pare proprio il momento! Invece sbrighiamoci e cerchiamo di non fare rumore!"

Tutte e due scendono dalla macchina, mentre Monello continua a dormire.

Le due ragazze cominciano a salire silenziosamente per il sentiero. Dall'alto sentono le voci dei tre uomini che parlano tra di loro. Improvvisamente dalla macchina arriva l'abbaiare di Monello. "Santo cielo, il cane! Mi ero completamente dimenticata di lui! E adesso che facciamo?" dice Caterina preoccupata. "Tu non ti muovere di qui" le risponde l'amica "Scendo, cerco di calmarlo. Anche gli altri potrebbero sentirlo e scoprirci! Tu non ti muovere e promettimi di non fare stupidaggini! Capito?" "Uffa! Ma certo, mamma!" risponde seccata la ragazza.

4. **nemmeno per sogno**: per nessuna ragione.
5. **Scordatelo**: dimenticatelo.

ATTIVITÀ

Comprensione scritta e orale

CELI 1

1 Rileggi il capitolo e scegli l'alternativa corretta.

1. Come aveva previsto Caterina, Toni
   - a ☐ non le presta la macchina
   - b ☐ non fa domande e le presta la macchina

2. Una notte le ragazze vanno a letto tardi perché
   - a ☐ hanno giocato a lungo a briscola
   - b ☐ hanno discusso animatamente

3. Quando vedono passare il famoso fuoristrada, Maja e Caterina
   - a ☐ spengono la luce e vanno a letto
   - b ☐ salgono subito sulla macchina di Toni

4. Quando Maja apre la portiera della macchina
   - a ☐ Monello sale velocemente sul sedile posteriore
   - b ☐ Monello comincia ad abbaiare

5. Secondo Caterina i tre uomini salgono
   - a ☐ verso una chiesetta mal custodita per rubare
   - b ☐ fanno una gita notturna

6. Caterina ha visto che gli uomini portano con sé
   - a ☐ valigie e borse
   - b ☐ corde e coperte

7. Caterina vuole seguire gli uomini
   - a ☐ con Monello
   - b ☐ da sola

8. Improvvisamente Monello comincia a
   - a ☐ abbaiare
   - b ☐ dormire

83

Grammatica

Gli aggettivi dimostrativi

Gli aggettivi dimostrativi *questo* e *quello* si accordano al sostantivo, al quale si riferiscono, per numero e genere.
Questo/questa/questi/queste si riferiscono a qualcuno o qualcosa che si trova **vicino a** chi parla.
Quello/quell'/quel/quella/quell'/quei/quegli/quelle si riferiscono a qualcuno o qualcosa **lontano da** chi parla.
Monello questa volta potrebbe esservi utile.
Ho letto da qualche parte che questo era o è un santo abbastanza famoso in questa regione.
Fermano la macchina a un certa distanza da quella degli uomini.

CELI 1

2 **Scegli l'alternativa corretta.**

1. Potrei vedere *questi/quelle/quello* scarpe nere che sono in vetrina?
2. Mi dispiace, ma *questo/questa/quelli* posto è già occupato.
3. Da dove vengono *quei/quegli/questi* ragazzi in fondo alla stanza?
4. *Questo/questi/queste* libro non è proprio interessante.
5. Potreste chiedere a Maria, dove ha comprato *questo/questa/quel* CD?
6. Non si ricordano più i nomi di *quegli/quelle/quei* amici che abbiamo conosciuto in Spagna.
7. *Quello/quel/quell'* automobilista giuda come un pazzo!
8. In *queste/questa/questo* fotografia avevi i capelli corti!
9. Vedi *quegli/quella/quel* pizzeria a destra della banca? Lì si mangia una buonissima pizza!
10. Senta, scusi! È *questo/queste/questa* la fermata dell'autobus n. 7?

Produzione scritta e orale

CELI 1

3 **Che cosa fai di solito la sera durante il fine settimana? Racconta.**

ATTIVITÀ

Prima di leggere

1 Troverai queste parole nel capitolo 9. Associa ogni parola all'immagine corrispondente.

a cucina
b tavolo
c polpaccio
d corda
e polso
f bocca

85

Topkapi

Topkapi
anno: 1964
regia: Jules Dassin
interpreti: Melina Mercouri, Maximilian Schell, Robert Morley, Peter Ustinov

Il film, del regista francese Jules Dassin, uscito nel 1964, è un adattamento cinematografico del romanzo di Eric Ambler "The Light of Day" pubblicato nel 1962. *Topkapi* è una parodia del più famoso film di Dassin "Rififi" ed è considerato un classico del genere "commedia brillante" sui furti di opere d'arte.
Per *Topkapi* Peter Ustinov ha ricevuto il premio Oscar.

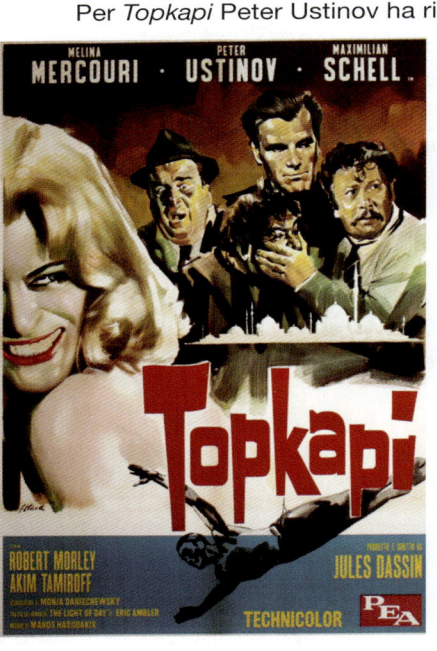

È la storia di un trio di avventurieri che decide di rubare un prezioso pugnale dal museo Topkapi, l'ex residenza dei sultani turchi a Istanbul. Il trio è composto da un'eccentrica inglese di nome Elisabeth Lipp (Melina Mercouri), dal ladro gentiluomo Walter Harper (Maximilian Schell) e dal geniale inventore Cedric Page (Robert Morley). Elisabeth è ossessionata dall'idea di possedere pietre preziose e convince gli altri a organizzare il furto. Il pugnale è esposto in una cassa di vetro, protetto da un sistema d'allarme sensibilissimo, collocato sul pavimento, che scatta al minimo movimento. Per attuare il piano è necessario un atto acrobatico e quindi il trio ingaggia una coppia di artisti del circo, il muscoloso Hans e il taciturno[1] Julio. Quando Hans si schiaccia gravemente entrambe le mani in una porta, la banda deve cercare un sostituto: trovano un piccolo imbroglione sfortunato Arthur Simpson (Peter Ustinov), che

1. **taciturno**: persona che parla poco.

Al Cinema

per vivere, si spaccia per un archeologo e vende patacche[2] ai turisti.

Dopo molte vicende il colpo[3] al museo riesce, ma, quando Julio esce dalla finestra, entrano non visti due uccellini che qualche tempo più tardi fanno scattare l'allarme proprio quando la banda è seduta nell'ufficio della polizia segreta turca per altre questioni. Qualcuno informa il capitano del furto al museo, che capisce subito di avere i ladri seduti davanti a lui e li fa immediatamente arrestare.

Nell'ultima scena del film i protagonisti maschili siedono nella loro cella, dove stanno scontando la pena[4] e da dove usciranno tra poco. Da un cortile vicino, Elisabeth sussurra ai compagni "Ho una magnifica idea. Ho saputo che nel Cremlino esiste un corridoio sotterraneo…"

1 Collega i fotogrammi con le frasi qui sotto.

   a In una lite furibonda con il cuoco sempre ubriaco, Hans si schiaccia entrambe le mani in una porta e per il colpo si deve trovare un sostituto.

   b Dopo molte vicende il colpo al museo riesce.

   c Il sostituto del povero Hans è un piccolo imbroglione sfortunato che per vivere vende patacche ai turisti in Grecia.

2 Che cosa hanno in comune il romanzo "Mistero tra le baite" e il film "Topkapi"?

2. **patacca** : oggetto o moneta falsi, che si cerca di vendere come autentici.
3. **colpo** : furto, rapina.
4. **scontare la pena** : passare un periodo di tempo in una prigione.

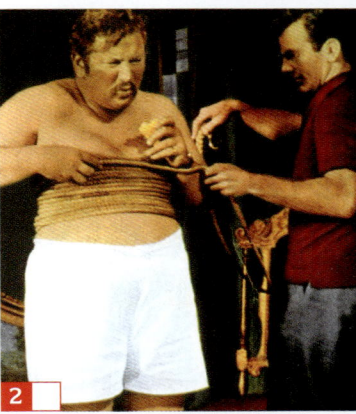

CAPITOLO **9**

Uno sport singolare

n cucina sono tutti seduti al grande tavolo e ascoltano attentamente il racconto di Caterina e Maja. Monello dorme beatamente in un angolo.

"Quando Maja è scesa verso l'auto per calmare Monello, sono rimasta immobile, come mi aveva detto lei, e l'ho aspettata. Lo giuro!" racconta Caterina "All'improvviso ho sentito due manacce afferrarmi per un braccio! Immaginatevi lo spavento! Sono quasi morta di paura! Ho cercato di liberarmi, ma tutto è stato inutile. E all'improvviso sono arrivati anche gli altri due. Mi hanno quasi accecata con la luce delle loro torce e allora ho cominciato a gridare. Uno stava per tapparmi la bocca, quando è arrivata Maja con Monello che abbaiava furiosamente."

Uno sport singolare

Fa una piccola pausa e poi continua "Non potete immaginare il mio sollievo! Monello aveva un aspetto feroce e ringhiava pericolosamente. Tutto ad un tratto ha azzannato il polpaccio dell'uomo che mi teneva per il braccio. Quello si è spaventato, mi ha mollato subito e, gridando per il dolore, ha cercato inutilmente di liberarsi dal cane. Ma il bello doveva ancora venire! Maja ha lanciato dei gridi strani e si è gettata contro i tre. Con alcune mosse precise di karatè o qualcosa di simile li ha scaraventati a terra! I brutti ceffi per la sorpresa non hanno reagito, sono rimasti distesi e hanno cominciato a lamentarsi per il dolore. Il cane continuava a ringhiare".

"Cerca qualcosa per legarli" mi ha urlato Maja "Monello ed io li teniamo a bada[1]. Fai presto!" Ho guardato in giro e ho visto che per terra c'erano ancora le coperte e le corde che i malviventi volevano usare per legare la refurtiva[2]. Oh meno male, che fortuna! Ho pensato. Ho preso le corde e ho legato i polsi dei tre tipacci, poi siamo scesi fino al parcheggio, li abbiamo fatti salire sulla loro macchina e tutti insieme siamo andati alla stazione di Polizia. Adesso continua tu, Maja!".

"Non potete immaginarvi" dice la ragazza "la sorpresa del poliziotto di turno, quando ci ha visto arrivare a quell'ora tarda! Eravamo proprio un bel gruppetto: tre uomini legati come salami, un cane e due ragazze dall'aspetto gentile.

Abbiamo cominciato a raccontargli i fatti, che abbiamo dovuto ripetere diverse volte. Il poveretto aveva grandi difficoltà a capirci e a crederci. Alla fine ci ha guardato incredulo[3], ha scosso

---

1. **tenere a bada**: tenere sotto controllo.
2. **refurtiva**: oggetti rubati.
3. **incredulo**: che non riesce a crederci.

CAPITOLO 9

diverse volte la testa, ma ha telefonato al capitano che è arrivato abbastanza presto. Da lui siamo venute a sapere che la banda agiva nella zona da alcuni mesi, ma che erano abbastanza furbi: cambiavano continuamente la loro residenza, le auto ecc. Era difficile coglierli sul fatto [4]. La refurtiva poi spariva all'estero e da altre parti. Questo non l'abbiamo ancora capito. Ad ogni modo il capitano ci ha ringraziato e invitato per una cerimonia ufficiale nella caserma sabato prossimo. Naturalmente verrete anche voi e Toni, non è vero?"

Tutti si guardano e in coro rispondono "Ma certo, che domanda!" Il vecchio uomo però ha ancora una domanda "Un bel rischio, ragazze! Poteva finire male, molto male! Siete proprio coraggiose! Ma senti Maja, dove hai imparato questo .... come si chiama?" "Karatè!" lo aiuta la ragazza e aggiunge "Al liceo e all'università era possibile fare dei corsi in questa disciplina. Ed io ci sono andata per anni fino a diventare cintura nera...."

"Potevi anche dircelo!" la interrompe Cristina.

"E perché mai?" ribatte Maja "Fino a questo momento non ce n'era stato alcun bisogno!"

---

4. **coglierli sul fatto** : vederli/prenderli mentre commettono il crimine.

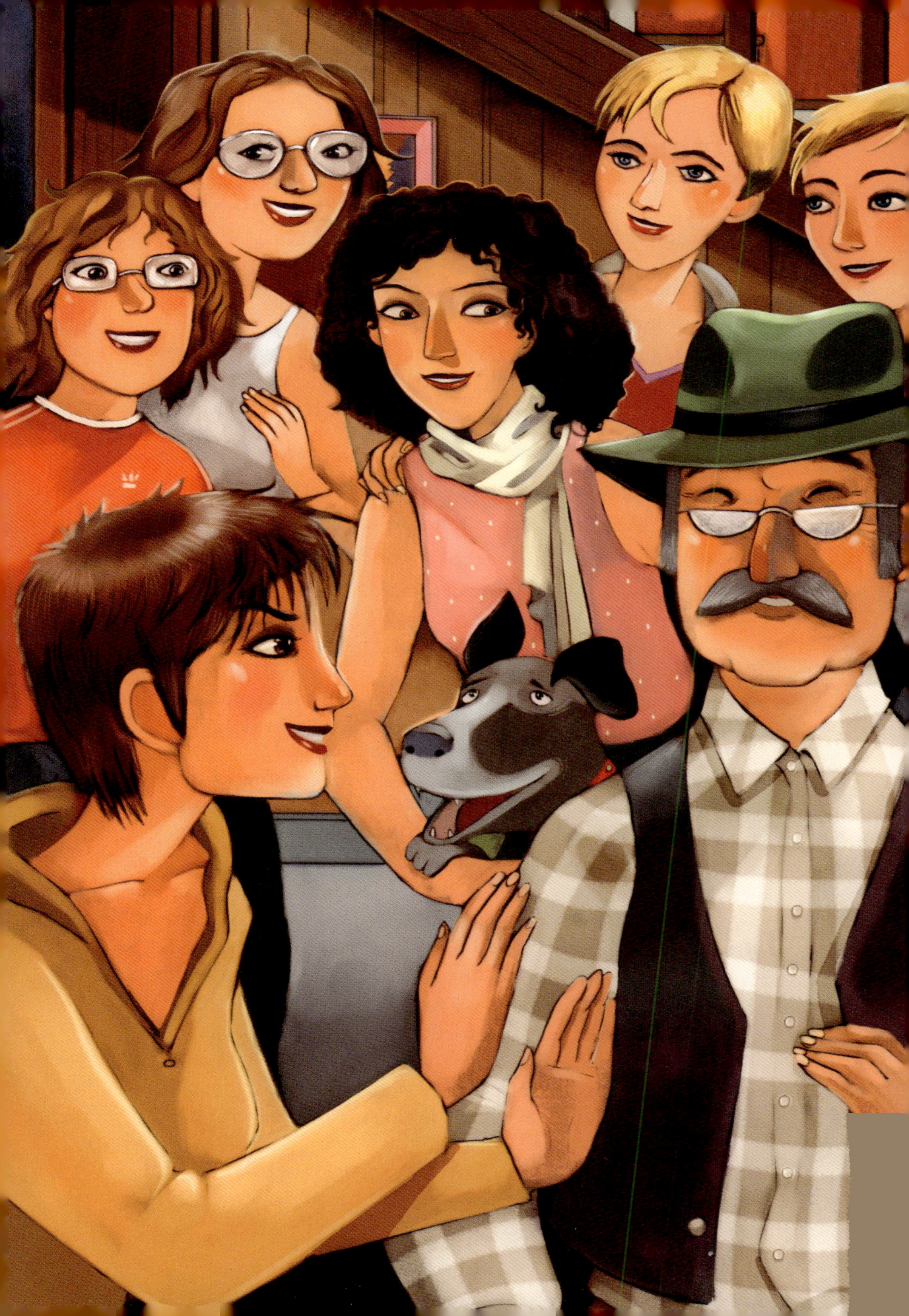

ATTIVITÀ

Comprensione scritta e orale

CELI 1

1 **Rileggi il capitolo e rispondi alle domande.**

1. Dove sono seduti Toni e le ragazze?
2. Che cosa fanno?
3. Che cosa è successo, quando Maja ha cercato di calmare Monello?
4. Che cosa faceva Caterina?
5. Come si è comportato Monello?
6. Dopo aver legato i malviventi, che cosa hanno fatto le due ragazze?
7. Come ha reagito il poliziotto di turno al loro racconto?
8. Che cosa ha raccontato il capitano alle ragazze?
9. Dove vanno Toni e le ragazze sabato prossimo?
10. Dove ha imparato lo strano sport Maja?

CELI 1

2 **Il vecchio Toni va a trovare il suo amico Bepi e gli racconta l'accaduto. Purtroppo ricorda male e sbaglia. Ascolta il brano e trova gli errori.**

"Allora Bepi, ascolta! Ti racconto cosa hanno fatto le amiche di Sonia. Sai, quelle cinque che sono arrivate in treno dalla Svezia e che adesso passano le vacanze nella casa di Maja. Una di loro, Cristina credo, ha riconosciuto tre uomini molto gentili che aveva visto rubare in banca tempo prima. I tre sono quelli che hanno comprato la tua casa, t'immagini? Vabbè! Una mattina le ragazze li hanno visti passare a piedi e li hanno seguiti con la tua macchina. Gli uomini sono andati in città e hanno tentato di rubare un quadro in un museo, ma una delle ragazze — Maria Luisa mi pare — li ha presi a schiaffi, legati con delle corde e portati dai carabinieri. I tre uomini non li conosceva nessuno, ha detto il sergente. Ad ogni modo tutto è finito bene e domani siamo invitati tutti in un ristorante, perché il sindaco vuole dare un premio a Sonia. Cosa ne dici, Bepi? In gamba, le cinque ragazze, vero?"

ATTIVITÀ

Competenze linguistiche

3 Nei capitoli del racconto ci sono alcune parti del corpo. Evidenziali nella griglia qui sotto.

```
A R D A E B O C C A M O I B R A C C I O M
Q O I T K M N M A N O P L A S P O L S O M
P I E D I G I N O C C H I A L N O C C H I
B C Y V S P A L L E G R T Z G A M B A U I
S R T A P O L P A C C I O T R F A C C I A
E S T F D N O R E C C H I O N M Z O O S A
```

4 Maria Luisa, Cristina e Sonia scrivono un breve SMS per informare un'amica sullo strano sport di Maja. In uno dei tre c'è un errore. Trovalo.

Maria Luisa: "Ciao! Tutto bene. Non sapevo proprio che Maja praticasse il karatè. E tu? Baci"

Cristina: "Ehi, Tina. Una sensazionale notizia: Maja è cintura nera di karatè. Saluti"

Sonia: "Ciao! Brevemente. Tu lo sapevi che Maja è campionessa di kickboxing? Baci"

5 Abbina le attività sportive alle foto.

a giocare a calcio
b fare pugilato
c nuotare
d corsa
e pattinaggio su ghiaccio
f bicicletta da corsa

Grammatica

Il passato prossimo

Il **passato prossimo** si usa per:
- indicare azioni avvenute in un periodo di tempo non ancora terminato.
- indicare un'azione terminata e accaduta in un momento passato, anche molto lontano, i cui effetti continuano nel presente.

Il **passato prossimo** si forma con l'indicativo presente dei verbi **essere** e **avere**.
Con il verbo **essere** il participio passato si accorda con il soggetto come un aggettivo.

*In cucina **sono** tutti **seduti** al grande tavolo.*
*All'improvviso **ho sentito** due manacce afferrarmi per un braccio.*

CELI 1

6 Paolo racconta a un amico come ha passato il fine settimana. Completa con i verbi al passato prossimo.

rimanere	dormire	fare	leggere
telefonare	chiedere	piacere	rispondere	incontrarsi
decidere	accompagnare	ritornare

"Lo scorso fine settimana .... a casa. Fuori pioveva e così .... a lungo. Verso le 11 .... colazione, poi .... un po' il giornale. Alle due .... Anna e .... , se avevo voglia di andare al cinema la sera. Le .... "Volentieri!". Ci ....davanti al museo. Il film non era interessante, non ci .... molto. Per consolarci .... di mangiare una pizza in quella pizzeria in via Mazzini. Verso le 11 .... Anna alla fermata dell'autobus e .... a casa a piedi.

Produzione scritta e orale

CELI 1

7 Come trascorri i tuoi fine settimana? Racconta.

8 Pratichi qualche sport? Racconta. Se invece lo sport non ti piace, spiega il perché.

TEST FINALE

1 Metti in ordine i disegni, poi fai un riassunto della storia.

a． b． c．
d． e． f．
g． h． i．

TEST FINALE

2 Piccolo quiz geografico. Trova le parole corrispondenti alle definizioni e con le lettere contenute nelle caselle troverai la parola misteriosa.

1 Famosa località sciistica della Valtellina. ☐ _ _ _ _ _
2 Il più famoso parco nazionale italiano. _ _ ☐ _ _ _ _
3 La più antica città svizzera. _ _ _ ☐ _
4 La città più importante della Valtellina. _ _ ☐ _ _ _ _
5 Cantone svizzero che confina con la Valtellina. _ _ _ _ _ _ ☐
6 La città italiana dove arriva il "Trenino Rosso". _ _ _ _ ☐ _
7 Il "Trenino Rosso" segue il corso di questo fiume. _ _ _ _ _ ☐

3 Trova l'intruso.

1 medico/infermiera/giornalista/dentista
2 bar/baita/bivacco/fienile
3 orecchio/sedia/faccia/occhio
4 ceffi/malviventi/giornale/ladri
5 tè/stanza/cappuccino/caffè
6 gatto/musica/cane/capre
7 notte/pomeriggio/mattina/isola
8 pianura/libro/valle/montagna
9 rosso/nero/casa/verde
10 cinema/teatro/fuoristrada/discoteca

4 I pezzotti sono prodotti tipici dell'artigianato della Valtellina. Quali sono invece quelli del tuo Paese? Descrivili brevemente.

5 Un tuo amico/una tua amica italiana ti ha invitato a passare una vacanza da lui/da lei. Quale prodotto dell'artigianato del tuo paese gli/le porteresti in regalo?